ちりめん本とジェイムス夫人

～ちりめん本が世界に伝えた日本の昔話～

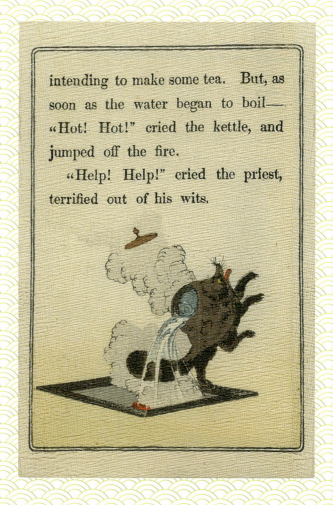

プロローグ

　明治時代に、木版多色刷りで挿絵を入れ、欧文を活版で印刷し、和紙に絹織物のちりめんのような加工を施した和装本が作られ、ちりめん本と呼ばれました。最初のちりめん本は日本の昔話集でした。

白黒印刷挿絵入りの教科書版「茶表紙」（英語版とドイツ語版）（西宮家所蔵）

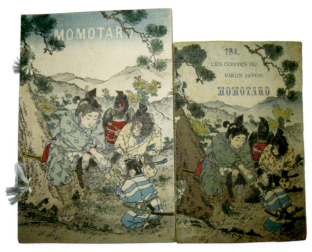

多色刷り木版の普通紙版（平紙本）と約80％の大きさのちりめん本（写真は仏語版）（西宮家所蔵）

『鉢かづき』の英語版に活版印刷したドイツ語文を貼り込んだもの
（西宮家所蔵）

活版印刷で使われた紙型（英語版の『玉の井』）
（西宮家所蔵）

『桃太郎』の表紙の版木。輪郭を墨刷りするための主版（西宮家所蔵）

第1章 ジェイムス夫人の日本生活

　ちりめん本「日本昔噺」シリーズの英語版の半数近くを翻訳したジェイムス夫人は、英国海軍士官の妻で、明治9年に来日し、約20年間を現在の港区周辺で過ごしました。

市原正秀『明治東京全図』(明治9年)より　芝山内の図
出典：『増補　港区近代沿革図集　新橋・愛宕・虎ノ門・芝公園・芝大門・浜松町・海岸』P77より転載（港区立郷土資料館所蔵）

「ジェイムス夫人の子供たち」
グレイス（左）とアーサー（右）
Grace James. *John and Mary's Aunt* (1950) より

バジル・ホール・チェンバレン
「日本昔噺」シリーズの翻訳者の1人で、ジェイムス夫妻と親しかった
（愛知教育大学附属図書館所蔵）

「麻布の家」の家主の麻生武平
海軍軍人で、ジェイムス夫人に昔話を語った
（国立国会図書館所蔵）

ジェイムス一家が住んだ麻布の家（ロバート・ブルームによるスケッチ）
出典：サー・E・アーノルド著　岡部昌幸訳　アーノルド　ヤポニカ　新異国叢書　第3輯8　アーノルド　ヤポニカ　雄松堂出版所収

第2章 教科書になった『桃太郎』

　「日本昔噺」シリーズは、教科書として企画されましたが、文部省の教科書行政が変わったため、ジェイムス夫人が編纂した『学校用日本昔噺　桃太郎』や独習書も刊行されました。

ジェイムス夫人編纂「文部省検定済」『桃太郎』（見開き・1頁・奥付）（西宮家所蔵）

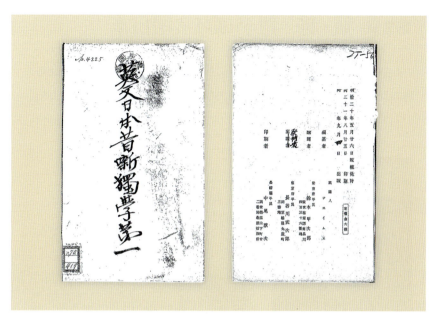

ジェイムス夫人編纂『英文日本昔噺独学 第一』(『桃太郎』)(表紙・奥付)(国立国会図書館所蔵)

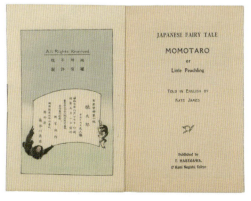

『桃太郎』英語版大型ちりめん本(表紙・見返し・1丁表) ジェイムス夫人の死後の1934年に出版された。(西宮家所蔵)

第3章 狐・猫・狸がばける国日本

　来日した欧米人にとって、当時はヨーロッパにいなかった狸や、狐、猫などの動物が人間にばけて悪さをする話や、ばけものや妖怪の話は、めずらしく、興味深いものでした。

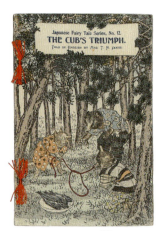 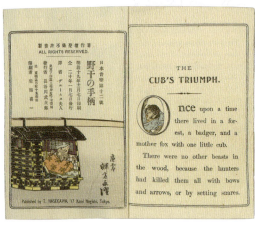

『野干の手柄』英語版ちりめん本（表紙・見返し・一丁表）（著者所蔵）

 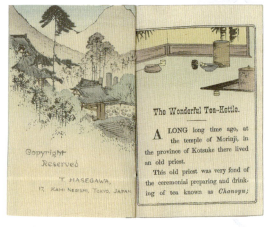

『文福茶釜』英語版ちりめん本（表紙・見返し・一丁表）（著者所蔵）

 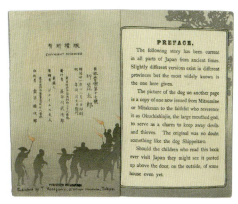

『竹箆太郎』英語版ちりめん本（表紙・見返し・一丁表）（東京女子大学比較文化研究所所蔵）

 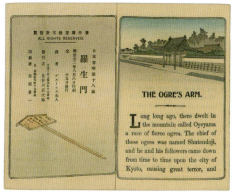

『羅生門』英語版ちりめん本（表紙・見返し・一丁表）（東京女子大学比較文化研究所所蔵）

 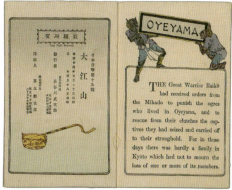

『大江山』英語版ちりめん本（表紙・見返し・一丁表）（東京女子大学比較文化研究所所蔵）

第4章　英雄になった古事記の神

「日本昔噺」シリーズには、『古事記』を出典とする3つの物語が含まれています。チェンバレンとジェイムス夫人は、「神」の話としてではなく、妖精や王子たちの英雄物語として、再話を行いました。

『八頭の大蛇』
英語版ちりめん本
(表紙・裏表紙・見返し・一丁表)
(東京女子大学比較文化研究所所蔵)

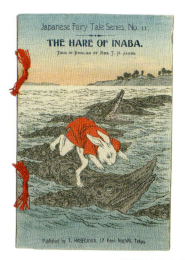 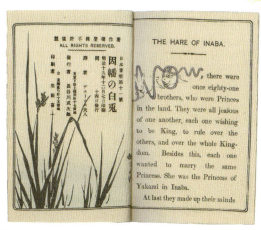

『因幡の白兎』英語版ちりめん本（表紙・見返し・一丁表）（著者所蔵）

 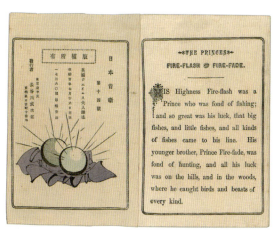

『玉の井』英語版ちりめん本（表紙・見返し・一丁表）（東京女子大学比較文化研究所所蔵）

11

第5章 女の子の物語

　女の子が主人公の物語『松山鏡』と『鉢かづき』は、ジェイムス夫人自身の価値観を反映し、外見の美醜にとらわれずに前向きに生きることを伝えています。

『松山鏡』
英語版ちりめん本
(表紙・裏表紙・見返し・一丁表)
(著者所蔵)

『鉢かづき』
英語版ちりめん本
(表紙・見返し・一丁表)
(東京女子大学比較文化研究所所蔵)

再版『鉢かづき』
英語版大型ちりめん本
(表紙・見返し・一丁表
二丁裏・三丁表：田畑で働く鉢かづき)
(著者所蔵)

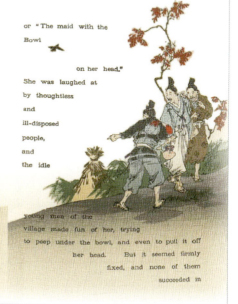

After her mother's death the poor child was indeed forlorn. She had a brave heart, however, and at once set about earning her living by hard work in the fields.

As she was never seen without the wooden bowl, she soon began to be talked about, and was known in all the country side as "Wooden Hat" or "The maid with the Bowl on her head."

She was laughed at by thoughtless and ill-disposed people, and the idle young men of the village made fun of her, trying to peep under the bowl, and even to pull it off her head. But it seemed firmly fixed, and none of them succeeded in

13

第6章 麻生武平の語った物語

　ジェイムス夫人の創作であるとされてきた『思い出草と忘れ草』は「今昔物語」の、『不思議の小槌』は中国の『酉陽雑俎』からの再話で、麻布の家の家主麻生武平が語った物語を再話したものでした。

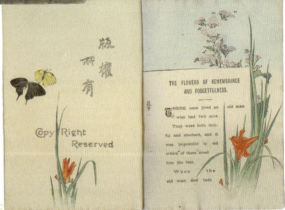

『思い出草と忘れ草』
英語版大型ちりめん本
（表紙・裏表紙・見返し・一丁表）
（著者所蔵）

『不思議の小槌』英語版ちりめん本（表紙・十二丁裏・奥付）（東京女子大学比較文化研究所所蔵）

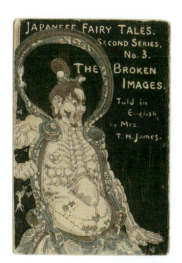

『壊れた像』英語版ちりめん本（表紙・見返し・一丁表）（東京女子大学比較文化研究所所蔵）

エピローグ〜日本を離れて

　1895年頃に英国に帰国したジェイムス夫人は、オクスフォード近郊で晩年を過ごし、1928年に死去しました。娘Grace Jamesによる児童書John and MaryシリーズのMrs. Hawthorneは、ジェイムス夫人がモデルになっています。

Lafcadio Hearn and others.
Japanese fairy tales, Boni and Liveright, 1918.

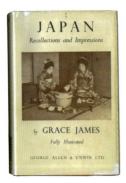 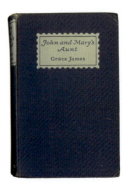

Grace James.
Japan, Recollections and Impressions,
G. Allen & Unwin, 1936.

Grace James.
John and Mary's Aunt,
Frederick Muller, 1950.

ちりめん本とジェイムス夫人
～ちりめん本が世界に伝えた日本の昔話～

大塚奈奈絵

YUKENSHA

〈凡　例〉
　「ちりめん本」とは、明治時代に発行された欧文木版挿絵本。和紙を使用し、木版多色刷りで挿絵を入れ、文章を活版で印刷したものを、揉んで縮める等の加工をすることによって、ちりめん布のような風合いに仕上げた和綴本である。主として日本の昔話や古典などを、お雇い外国人が翻訳したものが出版・発行された。海外に輸出された「ちりめん本」は、日本の文化や風俗等を世界に伝える一助となった。
　「ジェイムス夫人」は、お雇い外国人の妻として来日し、数多くの「ちりめん本」の翻訳に携わった。
　なお、本書では、混乱を避けるため、原則として「ジェイムス夫人」として表記を統一している。幼少時や引用文等においてはこの限りではない。

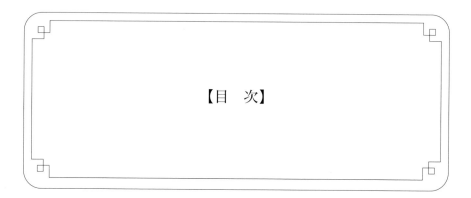

【目次】Contents

プロローグ 9

1. 「ちりめん本」の誕生……9
2. ちりめん本「日本昔噺」シリーズの海外への販売……16
3. ちりめん本を彩った人々……18

第1章 ジェイムス夫人の日本生活 23

1. 生い立ち……24
2. 「海軍の任務」による来日……26
3. 芝山内での生活……29
4. バジル・ホール・チェンバレンとの交流……31
5. ジェイムス夫妻と皇室……35
6. 日本の人々との交流……37
7. 日本人への英語教授……41
8. 火事で焼け出される……44
9. 日本の友人と最後の家……47

第2章 教科書になった『桃太郎』 55

1. ジェイムス夫人と『桃太郎』……55
2. 「教育書房」弘文社と長谷川武次郎(はせがわたけじろう)……56
3. 明治の教科書行政と弘文社……60
4. 教科書になった『桃太郎』……64

5.『英文日本昔噺独学 第一』……69
6. 弘文社のその他の英語教材……72
7. 明治の『桃太郎』……75
8. もう一冊の『桃太郎』……78

第3章　狐・猫・狸がばける国日本　85

1. 明治初年の日本の昔話の翻訳書……85
2. 西洋からみた日本のおとぎ話……90
3. 「ばける国」に魅せられた小泉八雲(こいずみやくも)……92
4.『野干(きつね)の手柄』の子狐の仇討……96
5. 日本の民話や伝承にみる「ばけくらべ」……100
6. 超能力を持つ狸の物語『文福茶釜(ぶんぶくちゃがま)』……104
7. ばけ猫を退治する『竹箆太郎(しっぺいたろう)』……107
8. ばけものと戦う『羅生門(らしょうもん)』、『大江山(おおえやま)』……109

第4章　英雄になった古事記の神　117

1. 日本最古の古典『古事記』……117
2. チェンバレンによる英訳 *Ko-ji-ki*……119
3. チェンバレンの『八頭の大蛇』……121
4. 鰐(わに)の背を飛ぶ『因幡の白兎』……125
5. 王子と姫の物語『玉の井』……129
6. 神話からおとぎ話へ……132

7. 英雄譚への翻案……*133*
    8. 鰐(わに)の背を飛ぶ兎……*135*

第5章　女の子の物語　*141*

    1. 世界に流布する鏡の物語……*142*
    2. 謡曲『松山鏡』……*143*
    3. ヨンケルの『越後の少女』……*143*
    4. 継母が登場しない『松山鏡』……*144*
    5. 『三草紙絵巻』の「はちかづき」……*149*
    6. ブラウンズの「木の椀をつけた少女」……*150*
    7. 野良で働く『鉢かづき』……*151*
    8. 『松山鏡』と『鉢かづき』の共通の主題 ― 顔（美）を隠すこと……*154*
    9. 再版『鉢かづき』の挿絵……*159*

第6章　麻生武平の語った物語　*165*

    1. 創作か翻訳か ―「続日本昔噺（大判）」と第2シリーズ……*165*
    2. 父への思いを語る『思い出草と忘れ草』……*167*
    3. 『今昔物語集(こんじゃくものがたりしゅう)』の「兄弟二人殖萱草紫苑語(きょうだいふたりわすれぐさしおにをうえしこと)」との比較……*169*
    4. 「忘れない」と「忘れたい」……*172*
    5. 児童書などにみる「紫苑と忘れ草」……*174*
    6. 『今昔物語』の翻訳と麻生武平が語った物語……*175*
    7. 『不思議の小槌』とその原典……*179*
    8. 『壊れた像』のばけものたち……*183*

エピローグ〜日本を離れて　*189*

1. 『欧米美術行脚』にみるジェイムス一家のその後……*189*
2. グレイスによる「日本のおとぎ話」の伝承……*192*
3. ハーンの『日本のおとぎ話』……*193*
4. アーサー・ジェイムスとピゴットの友情……*195*
5. アーサーの東京赴任とグレイスの東京再訪……*197*
6. *Japan, Recollections and Impressions* に込めた思い……*198*
7. John and Mary シリーズ による日本のおとぎ話の伝承……*199*
8. まとめ……*203*

【コラム】

1. インターネットで見るちりめん本……*54*
2. オペラになったちりめん本『寺子屋』……*84*
3. 芥川龍之介の「蜘蛛の糸」の原作『カルマ』……*115*
4. 寄席と落語の紹介『日本の噺家』……*139*
5. 狂言になったハーンの『ちんちん小袴』……*164*
6. バジル・ホール・チェンバレンの Aino Fairy Tales
　（「アイヌおとぎ話集」）……*188*

〈参考資料〉
　ジェイムス夫人（Mrs.T.H.（Kate）James）年譜………*210*
　明治の小学校教科書関係年表………*211*
　日本の出版関係略年表（〜明治時代）………*212*

謝辞………*213*

プロローグ

1．「ちりめん本」の誕生

　「ちりめん本」、英語ではcrepe-paper booksと呼ばれるちりめん紙（縮緬紙）で作られた木版挿絵本が生まれたのは、1887（明治20）年前後のことである。教育書房を名乗り、教科書や補助教材などを出版していた弘文社が、『桃太郎』をはじめとする日本の昔話を、英語、ドイツ語、フランス語などの各国語で、「日本昔噺」シリーズと銘打って出版し始めたのは、1885（明治18）年の8月頃のことだった。このシリーズには、茶色い無地の表紙で白黒印刷をした木版挿絵本（茶表紙）と、多色刷り木版挿絵本（平紙本）の2種類があった（口絵2ページ参照）。これらは、日本古来の楮などの原料で作られた手すきの和紙に、まず、木版印刷で挿絵を、次に活版印刷で文字を印刷し、和装本として製本したもの、つまり、木版印刷と活版印刷のハイブリッドな出版物だった。

　長い鎖国を経て明治になっても、すぐに人々の生活がすべて洋風に変化したわけではない。例えば、一般の人々が手にする本は、明治時代の半ば頃まで、江戸時代以来の和紙に木版で刷られた和本が中心だった。

1885(明治18)年9月から出版された『小説神髄』も和装本で出版されている。和紙は活版の両面印刷には向かなかったので、まずは、洋紙の量産体制が必要だった。日本で最初の製紙会社が操業を開始したのは、1874（明治7）年で、弘文社が「日本昔噺」シリーズの刊行を始めた頃には、出版物のおおよそ半数近くが、私たちが手にするような洋装本になっていた。同時にこの頃から、明治政府は、出版法をはじめとする様々な法規制に着手し、教科書行政も徐々に変化し始めていた。

長谷川武次郎
（西宮家所蔵）

　それはさておき、「日本昔噺」シリーズの出版を始めた数年後、弘文社を引き継いだ長谷川武次郎（1853-1936）は、「ふとした思いつきで」[1]ちりめん紙を使って本を作ることを思いついた。和紙を縦、横、斜めに何回も圧縮して細かいしわを作り、絹織物のちりめん布のように加工することは、日本では寛政年間（1789-1801年）の前後から大正時代（1912-1926年）頃まで流行した。江戸時代には、一枚摺りのちりめん浮世絵や千代紙などが作られ、特に、ちりめん浮世絵は、和紙をちりめん加工することにより、色が鮮やかになることから海外で人気があり、明治時代にはさかんに輸出された。ヴィンセント・ファン・ゴッホはちりめん浮世絵を収集し、のちに『タンギー爺さん』などの背景に描き込んだ[2]。

　一方、現代にも続く江戸千代紙の「いせ辰」は、明治の初めに海外に安価なちりめん紙のコースターやテーブルウェアを売り出し、大きな利益を上げていた。英語に堪能で、キリスト教会に通い、外国人の知り合いが多かった長谷川武次郎は、海外で木版で印刷されたちりめん紙が人

気があることを知っていたものと考えられる。

　ちりめん本がいつ頃から作られたのかは、正確には分かっていない。1885（明治18）年～1886（明治19）年までの『絵入自由新聞』の弘文社の広告には「彩色絵入」「彩色無し」の２種があり、「縮緬紙」「縮紙」という表現はないが、1887（明治20）年11月出版の『訂正再版簿記学例題』の付録の「弘文社出版目録」では、「欧文日本昔噺」には「同縮緬紙　第１ヨリ12マデ　12冊箱入」とあり、ちりめん本はこの少し前頃から作られたと思われる。

　長谷川武次郎の考案した、ちりめん紙を使った和装本は、柔らかく、ちりめんの布に似た風合いから「ちりめん本」、英語圏の国々ではcrepe-paper booksと呼ばれ、繊細で美しい製本も相まって、海外で人気を博した。日本の昔話以外にも、人々の生活や『万葉集』や歌舞伎など、様々な日本文化を紹介する本が作られ、海外に輸出されて、日本の文化を海外に伝える役割を果たした。また、長谷川武次郎の成功をまねて、様々なちりめん本が作られ、その中には、フランス人のピエール・バルブトー（Pierre Barboutau（1862-1916））が日本の絵師に挿絵を描かせたフランス寓話集の美しいちりめん本や、色彩を施したちりめん紙の写真集なども作製された。

　その後、1910年代になると、長谷川武次郎は出版事業の中心を、浮世絵の復刻出版や新作版画などの一枚物の出版、ちりめん紙のカレンダー、カード類の製造に移していった。木版印刷に使用する染料などの材料の入手が難しくなったこと、優秀な技術者の不足が背景にあったと考えられている。武次郎の仕事を引き継いだ次男の西宮与作は、新たにフランス語版の「日本昔噺」シリーズの続きなどのちりめん本を出版し、ちりめん本は、1950年代まで出版、販売された。

　長谷川武次郎の子孫が営む西宮版画店（現：台東区根岸）には、ちりめん本の製作に使われた下絵や、版木、活版印刷の紙型、和紙をちりめ

Barboutau, Pierre. *Fables choisies de J.-P.Claris de Florian*. Libr.Marpon & Flammarion, 1895.（著者所蔵）

ん状に加工するための道具などが残されている。まずは、これらを参考にして、ちりめん本がどのように作られたのかを見ていきたい。

　なお、長谷川武次郎の出版した「日本昔噺」シリーズには、前述のように平紙本とちりめん本があったが、ちりめん本が有名になったために、ちりめん加工されていない墨摺り（白黒）の木版挿絵本、平紙の彩色欧文木版挿絵本も、現代ではまとめて「ちりめん本」と呼ばれる場合があるが、この本では、ちりめん加工した欧文木版挿絵本のみを「ちりめん

本」と呼ぶことにしたい。

　口絵２ページは、茶表紙（彩色無し）の英語版とドイツ語版と、同じ木版の挿絵を使用した『桃太郎』の彩色絵入の平紙本とちりめん本である。ちりめん加工を施すと、ちりめん本は平紙本よりも約８割程度の大きさになる。また、圧縮するために、平紙のものよりも色彩が鮮やかに感じられる。

〈ちりめん本の製作〉
①翻訳テキストの作成
　現代の本の出版と同じように、出版者は、まず、翻訳者に原稿を依頼する。作品の本文ができあがると、出版者は、各ページごとにおおまかにデザインを決め、絵師に挿絵の作成を依頼する。多言語で出版される場合など、挿絵がすでに用意されている場合は、挿絵の余白にあわせて、本文を割り付けていったと思われる（口絵３ページ参照）。

②挿絵の作成
　挿絵は、絵師が描いた絵を彫師が版木に彫り、色ごとの版木を、摺師が何度も重ねて摺って仕上げるという、浮世絵と同じ技法で印刷されていた。版木には桜の木が使われ、また、髪の毛などの細かい部分には桜よりも硬いつげの木などを埋め込んで使用していた（口絵３ページ参照）。
　「日本昔噺」シリーズの挿絵を描いたのは、江戸幕府の御用絵師として日本画壇の主流であった狩野派に師事した小林永濯、のちに多くの博覧会等で受賞した鈴木華邨、歌川国芳門下の浮世絵師だった新井芳宗（２代目歌川芳宗）ら当時の一流の絵師たちだった。
　江戸時代に発展した日本の木版技術は、明治時代に入ると徐々に衰退したと言われているが、長谷川武次郎が出版した木版は、彫りと刷りの

技術が正確で、仕上がりの美しいものだった。特に、空や海などの部分に濃淡をつけて空間を表現する「ぼかし」の技術に秀で、これが海外で高く評価された。初期のちりめん本の奥付には、著者や絵師の名前とともに、木版印刷者の名前が残されているものもある。

　ちりめん本の初期の印刷を担当した小宮惣次郎は長谷川武次郎の義父に当たり、惣次郎の死後は武次郎の妻の屋壽（ヤス、家壽（1867-1954））が印刷を引き継いだことが知られている。小宮屋壽は、長谷川武次郎以外の発行元から売り出された木版画の印刷も手掛けていた。

③本文の印刷

　長谷川武次郎のちりめん本、平紙本は、書名や本文の一部などに木版が使われている場合もあるが、基本的には、本文の文字は欧文活字を使用した活版で印刷した。

　最初に、挿絵の周りにどのように本文を配置するかをデザインする。1ページごとの本文が決まると、そのページで使う文字の大きさと行間のサイズを決め、例えば、1ページ目では小文字のaは10個、大文字のAは1個というように、必要な数を計算して鉛の活字を準備し、その活字を組み上げて版（組版）を作成し、型を取って鉛版を作り、印刷する。鉛版は数千枚が印刷の限界で、印刷を繰り返すためにはバラバラにした活字を再度組み直す作業が必要だった。このため、紙で鉛版の型を取ることが行われ、西宮版画店には、本文の印刷に使用した活版印刷の紙型が残されている（口絵3ページ参照）。

　平紙本の場合は、本文の印刷が終わると、製本の工程へ進む。

④和紙のちりめん加工

　印刷が終わった和紙をちりめん状に加工する際には、「型紙」と「揉台」を使用する。「型紙」は、厚い和紙に平行なひだをつけ、柿渋などの混

合糊で固めたもので、製作には時間がかかるとされている。ちりめん加工の作業は、印刷の終わった和紙に湿気を与え、型紙の上に重ねたものを何層か重ねて心材に巻き、さらに布を巻いて円筒形を作る。これを揉み台に装てんし、体重をかけて圧縮し、一度和紙をはずしてから、横方向や斜めに方向を変えて再度、型紙に巻き、圧縮するという工程を7回以上繰り返す。これにより、元の大きさの約80％の大きさのちりめん紙が出来上がる。圧縮によりちりめん紙のやわらかい手触りが生まれるとともに、元の平紙よりも鮮やかな色彩に仕上がる(口絵2ページ参照)。

⑤製本

絞りが終わると、ちりめん状に加工された和紙の四辺を切りそろえる。ちりめん状にした和紙を切りそろえるのは難しく、専用の手包丁を作らせていたという。次に和紙を二つ折りにして重ね、折り山(袋に綴じられた方)を小口にして、背の側に穴をあけて糸で綴じる。「袋綴」(ふくろとじ)とよばれる綴じ方で、一般の袋綴の場合は「四つ目綴」などが一般的だが、長谷川武次郎は、平紙本もちりめん本も、背に近い部分の2箇所に2目または4目の穴をあけて美しい色の絹糸で綴じる「大和綴じ」とよばれる方法で製本した。また、通常の和装本では、背の上下に角切れという小さな布を貼るが、ちりめん本や平紙本の場合は、背の部分全体に絹の布を貼るなどの加工を施した。さらに、製本したちりめん本や平紙本を入れるために、美しい木版印刷の帙(ちつ)(外箱)を製作したり、日本刺繍を施した帙を作ることもあった。一方、平紙本では、貼り付けた紙をめくると子狐や鬼が現れる仕掛け本なども作られた。

長谷川武次郎の本作りについて、「日本昔噺」シリーズの翻訳者であるバジル・ホール・チェンバレン(Basil Hall Chamberlain(1850-1935))(口絵5ページ参照)は、ちりめん本を作りたいというラフカディオ・ハー

ン（Lafcadio Hearn, 小泉八雲（こいずみやくも）（1850-1904））に、1894（明治27）年6月20日付の書簡でこのように書いている。

　One thing to be remembered is that he is not omnivorous. Only a single tale at a time is his view of things, each taking long to illustrate, and various other circumstances, as I know from experience, causing delay. The illustrations have generally been evolved gradually between him, the artist, and the writer.

　（石井花による翻訳：ひとつ覚えていて欲しいことは、彼が何でも取り入れるタイプではないということです。一度にひとつの物語のみ手掛けるというのが彼のやり方で、挿絵やその他さまざまな事柄に長い時間をかけます[3]。）

　チェンバレンは、それゆえ遅れが生じると続けているのだが、この文章からは、長谷川武次郎のていねいで、妥協のない仕事ぶりがうかがわれる。この頃の明治の出版界は、博文館に代表される大資本による書物の製作と流通が盛んになっていた。長谷川武次郎は、その流れに背を向けて、妥協しない手作りの本の製作を目指し、それが世界に受け入れられることとなった。

2．ちりめん本「日本昔噺」シリーズの海外への販売

　こうして工夫され、手間をかけて作られたちりめん本だが、価格は高いものではなかった。1887（明治20）年11月の「弘文社出版書目」[4]では、「日本昔噺」シリーズの茶表紙は4～5銭、彩色摺（平紙）10～12.5銭、縮緬紙のものは12冊箱入りで1円50銭（1冊平均12.5銭）であった。例えば、鉄道記念館などの記録を例に当時の物価を見ると、開通間もない1886（明治19）年の長浜駅での昼飯が、1等25銭、5

等5銭なので、1銭は現在の200円弱だったと思われる。

「日本昔噺」シリーズは、売り出し直後の1885（明治18）年11月には横浜居留地のガゼット新聞社から販売され、間もなく横浜にあった出版社ケリー・ウオルシュ商会（Kelly & Walsh）からも発売されるようになる。ケリー商会（Kelly & Co.）は、1875（明治8）年に横浜に来日したJ.M. Kellyが、翌1876（明治9）年に横浜居留地に設立した新聞とたばこの小売店だった。その後、上海に居住するWalshが経営に加わり、1886（明治19）年にケリー・ウオルシュ商会（Kelly & Walsh, Limited）となって事業を出版にも拡大し、横浜と上海の他、香港やシンガポールにも支店を開設していた。

長谷川武次郎は、この出版社と提携し、ちりめん本を海外に輸出・販売した。これは、日本の出版社が海外出版社と提携した最初の例といわれている。東洋文庫が所蔵するKelly & Walsh販売の1889年版Kelling's Guide to Japanには、長谷川武次郎の「日本昔噺」シリーズの販売カタログが綴じ込まれている。平紙本は1冊15～20セント、ちりめん本は17冊セットで3ドル50セントで販売と記載されている[5]。ちりめん本はやはり平紙本と同じ価格である[6]。

長谷川武次郎は、この後も海外の出版社や書店と次々に契約し「日本昔噺」シリーズを積極的に海外に販売した。1892（明治25）年の日付のある販売目録 "List of Books" には、Agents in New York として C. Scribners' Sons, 745-5, Broadway と記述されている。チャールズ・スクリブナーズ・サンズ（C. Scribners' Sons）は、現在も存在するニューヨークに本社のある文芸書の出版社である。また、イギリスでは、最も歴史のある児童書の出版社グリフィス・フェアラン社（Griffith, Farran & Co. London）から販売された。その他、ドイツではアメラング社などから販売された。

「日本昔噺」シリーズは、出版当初からの英語・ドイツ語・フランス

語に加え、オランダ語、スペイン語、イタリア語、ポルトガル語、ロシア語、デンマーク語、スウェーデン語でも出版され、最終的には10カ国語で刊行された。出版された数は、英語版が最も多く、続いて、フランス語版、スペイン語版、ドイツ語版、ポルトガル語版の順になる。デンマーク語版、スウェーデン語版は各3話、オランダ語版、イタリア語版、ロシア語版は各1話のみの刊行だった。

　最も数量が多かったのは、英語版の「日本昔噺」シリーズで、1stシリーズの20話、やや大判の「続日本昔噺」シリーズ5話、2ndシリーズ3話の他、のちに差し替え、追加出版された2話を加えると計30話が刊行された（表1）。1stシリーズの20話をみると、no.1の『桃太郎』は18版まで、他のタイトルも16〜18版と刊行を重ねている。

　のちに長谷川武次郎は、木版印刷は一つの版で印刷できるのは「二千か三千が関の山[7]」と語っている。一方、石澤小枝子は『ちりめん本のすべて』の中で、西宮雄作氏からの聞き書きとして、1刷で500〜1000部を印刷したと書いている。数に開きがありすぎるので、おおまかな推定となるが、一回の印刷で1000部とすれば、『桃太郎』だけで1万8000部となる。英文の1stシリーズだけで数十万点が刊行され、その多くが海を渡ったものと思われる。

3. ちりめん本を彩った人々

　ここで注目したいのは、1887（明治20）年前後という時代には、現在の我々が考える、児童書のおとぎ話や、民俗学的な「昔話」あるいは「民話」というジャンルが、まだ存在しなかったということである。これらの二つの「昔話」の流れについては、第3章でもう少し詳しく説明するが、明治の開国後に来日した知識人たちは、民俗学的な興味から日本の「昔話」を収集し、翻訳して出版している。

表1　英語版「日本昔噺」シリーズ（日本語タイトルは石澤小枝子『ちりめん本のすべて』による）

```
 1  Momotaro or Little Peachling    桃太郎
 2  Tongue Cut Sparrow    舌切雀
 3  Battle of the Monkey and Crab    猿蟹合戦
 4  The Old Man Who Made the Dead Trees Blossom    花咲爺
 5  Kachi-Kachi Mountain    かちかちやま
 6  The Mouse's Wedding    ねずみ乃よめいり
 7  The Old Man and the Devils    瘤取
 8  The Fisher-Boy    浦島
 9  The Serpent with Eight heads    八頭の大蛇
10  The Matuyama Mirror    松山鏡
11  The Hare of Inaba    因幡の白兎
12  The Cub's Triumph    野干の手柄
13  The Silly Jelly-Fish    海月
14  The Princes Fire-Flash and Fire-Fade    玉ノ井
15  My Lord Bang-O'-Rice    俵藤太
16  The Wooden Bowl    鉢かづき
16' The Wonderful Tea-Kettle    文福茶釜
17  Schippeitaro    竹箆太郎
18  The Ogre's Arm    羅生門
19  The Ogres of Oyeyama    大江山
20  The Enchanted Waterfall    養老の滝
〈続日本昔噺（大判）〉
21  Three Reflections    三つの顔
22  The Flowers of Remembrance and Forgetfulness    思い出草と忘れ草
23  The Boy Who Drew Cats    猫を描いた少年
24  The Old Woman Who Lost Her Dumpling    お団子ころりん
25  Chin Chin Kobakama    ちんちん小袴
〈2nd Series〉
 1  The Goblin Spider    化け蜘蛛
 2  The Wondeful Mallet    不思議の小槌
 3  The Broken Images    壊れた像
〈ハーンの5冊本〉
 1  The Boy Who Drew Cats    猫を描いた少年
 2  The Goblin Spider    化け蜘蛛
 3  The Old Woman Who Lost Her Dumpling    お団子ころりん
 4  Chin Chin Kobakama    ちんちん小袴
 5  The Fountain of Youth    若返りの泉
```

ラフカディオ・ハーン
(Lafcadio Hearn, 小泉八雲)
(国立国会図書館所蔵)

英語版「日本昔噺」シリーズの訳者としては、ディビッド・タムソン（David Thompson（1835 – 1915））、ジェイムス・ヘボン（James Curtis Hepburn（1815 - 1911））、バジル・ホール・チェンバレン（Basil Hall Chamberlain（1850-1935））、ラフカディオ・ハーン（Lafcadio Hearn, 小泉八雲（1850-1904））、フランス語版では外交官であったジョゼフ・ドートゥルメール（Joseph Dautremere（1860 - 1946））やジュール・アダン（Jules Adam（1861-没年不明））、ドイツ語版ではカール・フローレンツ（Karl Adolf Florenz（1865 - 1939））などが知られている。これらの人々は、いずれも、明治政府が先進国の知識や技術を学ぶために雇用した「お雇い外国人」と呼ばれた大学教授等の知識人や宣教師、外交官たちであった。

一方、英語版の「日本昔噺」シリーズ（表１）のうちの14編を訳した、英訳者の中では唯一の女性であるジェイムス夫人（Mrs. T. H. JamesまたはKate James（1845–1928））については、これまで英国海軍の士官の妻であること以外、詳しい紹介がなされていなかった。

ジェイムス夫人については、『松山鏡』を読んだハーンが以下のように述べたことが知られている。

　　DEAR CHAMBERLAIN, – I'm trying to write an essay – no, a fantastico-philosophical sketch – about Mirrors and Souls. Especially Souls. Which causes me to think about Mrs. James's version of the 'Matsuyama Kagami'. Who is Mrs. James? I have read her version about fifteen times, and every time I read it, it affects me more. And I can't help thinking that the woman who could thus make the vague Japanese incident so beautiful must have a tender and beautiful soul, – whoever she is, – whether missionary or not.[8]

(拙訳:チェンバレン君、僕は「鏡」と「魂」についてのエッセイ、いや、むしろ途方もない哲学的なスケッチを描こうとしているところだ。ジェイムス夫人版の「松山鏡」に触発されたのさ。ジェイムス夫人って、誰なんだい？ 僕はこの版を15回程も読み返し、読むたびにより感動を覚える。そうして、あいまいな日本のお話をこんなにも美しいものに作り上げてしまった、優しい美しい魂を持つ女性のことを考えずにいられない。その人が宣教師であろうとなかろうとね。)

　本書では、まだ知られていないジェイムス夫人について、長女で児童文学作家であったグレイス・ジェイムス（Grace Edith Marion James (1882-1965)）の著作を参照しながら紹介する。第１章では、ジェイムス夫人の日本での生活を紹介し、続く第２章では、もともと家庭教師として日本人に英語を教えていたジェイムス夫人が、おそらくは長谷川武次郎の依頼により、タムソンの翻訳した『桃太郎』を教科書として書き直して出版していたことを紹介する。

　さらに、ジェイムス夫人の翻訳は、日本語の原典によるものではなく、各国語に翻訳されたお伽噺集など、今までにある物語を子供向きに分かりやすく書き直す「再話」を行っていることが指摘されている。第３章から第７章では、ジェイムス夫人の作品を取り上げ、ジェイムス夫人の再話によって、日本の古典文学が西洋の人々にどのように理解され、海外に紹介されたのかを述べる。

〈注〉

[1] 長谷川武次郎「木版畫の輸出」『美術新報』畫報社 13（3）1914.1. pp.26-30.
[2] 山口県立萩美術館・浦上記念館編『ゴッホと浮世絵タンギー爺さん：山口きらら博・開催記念特別展』山口県立萩美術館・浦上記念館 2001.8.
[3] 石井花「小泉八雲とちりめん本：『若返りの泉』の成立過程を中心に」『ヘルン研究』4, 2019. pp.54-84.
[4] 森嶋修太郎『簿記学例題』弘文社 1887. 国立国会図書館デジタルコレクション https://dl.ndl.go.jp/pid/804971（参照 2024-12-10）
[5] 向井晃「ケリー・ウオルシュ商会日本関係洋書目録」『東海大学紀要．課程資格教育センター』5, 1995. pp.9-18.
[6] 日本銀行の統計によれば、1874（明治7）年は、1ドルは0.984円（100円は101.583ドル）1912（大正元）年は、1ドルは2.019円だった。単純に計算すると、現在の感覚では、1冊が5～6千円程度であったと考えられる。
[7] 長谷川武次郎 1914. p.27.
[8] Bisland, Elizabeth, ed. *The Japanese Letters of Lafcadio Hearn,* London: Constable, 1911. p. 277.

第1章
ジェイムス夫人の日本生活

　マルセイユに停泊したメサジュリ・マリティム社の汽船の甲板で、ジェイムス夫人（Mrs. Thomas Henry James、または Kate James（1845-1928））は夫の帰りを待っていた。止めるようにと忠告したのに、夫のトーマス（Thomas Henry James（1840-1910））は、髪の毛を切りに床屋に行くために、船をおりてマルセイユの町に出かけてしまったのだ。やがて出航の時間が来て、船はゆっくりと岸を離れはじめた。困り切ったジェイムス夫人の目に入ったのは、船に近づいて来る艀にのんびりと乗ったトーマスの姿だった。

　のんきで陽気な夫と、几帳面でやや心配性の妻を想像させるこのエピソードは、ジェイムス夫人の娘グレイス（Grace Edith Marion James

(1882-1965))が、幼い日に母から聞いた、日本への船旅での逸話である。ジェイムス夫人の生涯についての公式の記録は少ないが、後年、民俗学者、児童文学者となった長女グレイスの一連の著作に、一家の東京での日々と母ジェイムス夫人から聞いた様々な逸話が残されている[1]。グレイスの筆になる明治日本の数々の思い出は、現代の日本人である私たちにも興味深く、紹介されている様々なエピソードは、翻訳家としてのジェイムス夫人の人となりを表していると思われる。この章では、公文書などに残るジェイムス一家の記録に、グレイスの記憶を織り交ぜて紹介してみたい。

1. 生い立ち

　ジェイムス夫人、ケイト（KatherineまたはCatherine）・マーガレット・ランキンは、1845年、アーサーとアンのランキン夫妻の五人姉妹の末娘として、スコットランドのアバディーンシャーの小さな村オールドディアで生まれ育った。父のアーサー・ランキン（Arthur Ranken (1806 – 1886)）は、マリシャル・カレッジとアバディーンシャー大学で教育を受け、修士号を持つ聖公会の主席司祭で、著作もある博学な人物だった。ただし、聖職者である一家の生活は豊かではなかったようだ。のちにジェイムス夫人となったケイトがチェンバレン（Basil Hall Chamberlain (1850-1935)）に語ったエピソードによると、姉妹たちで病気の牛を一晩中看病したことがあるという。「あの国の聖公会聖職者は貧しいからね」とチェンバレンも語っている。

　ランキン家の姉妹たちは、おそらくは、家庭で語学をはじめとする教育を受けたものと思われるが、グレイスによれば、女子校の教師をしていたジェイムス夫人の姉のベルは、フランス語やドイツ語に加え、ロシア語やギリシア語も読むことができたと紹介されている。おそらくは

ジェイムス夫人も同様の語学を家庭で学んだのだろう。

と、ここまでは、ヨークシャーの牧師館で育ったブロンテ姉妹を連想させるような姉妹たちの生い立ちであるが、成長したケイト・ランキンはトルコのコンスタンチノープル（現在のイスタンブール）で家庭教師をしていた20代の半ばに、チェンバレンによれば「一文無しの」海軍中尉トーマス・ヘンリー・ジェイムスと知り合い、結婚した。

ヴィクトリア朝の時代に、ロンドンから遠く離れたスコットランドの寒村で、博学な聖職者の娘として育った堅実で教養のある女性が、おそらくは良家の子女の家庭教師という「仕事」とはいえ、何故、東洋の入り口ともいえるコンスタンチノープルに赴いたのかは分からない。ただし、グレイスの作品の中では、母ジェイムス夫人をモデルにしたホーソン夫人には水夫の親せきがいて、子供の頃、東洋の土産として、色鮮やかなスカーフを貰ったこと、その大切なスカーフを牛に取られてぐちゃぐちゃにされてしまったという思い出が書かれている。幼かったケイトの胸の奥には、案外、東洋に対する強いあこがれが育っていて、海外へ行くという機会を逃さない好奇心と冒険心があったのかもしれない。

一方、ケイトの夫となったトーマスは、ケント州のディール出身で1840年生まれ。ケイトより5歳年長の海軍中尉・測量士だった。グレイスによれば、水夫になるべくして生まれてきたような人物で、5歳の時には、海に出ようとして警官に家に連れ戻されたという逸話の持ち主だった。

やがて、軍の任務で日本に行くという機会が巡って来た時、二人は躊躇せずにチャンスをつかむことにした。日本は、その当時のヨーロッパからみると、文明の諸制度の整わない、世界の果てともいえる未知の国だったが、海の果てに渡り、やがて富や栄誉を持って帰るという大航海時代からの夢と、若く子供のいない身軽な境遇が、二人に勇気を与えたものと思われる。

2.「海軍の任務」による来日

　幕末から明治の初期にかけて、近代化を急ぐ諸藩や明治政府、やがては民間企業も、欧米の諸制度を導入するために、指導者や教師として技術を持つ外国人を次々に雇い入れ、彼らは「雇い入れ外国人」「お雇い外国人」と呼ばれた。

　1870（明治3）年、明治政府は、陸軍はフランス式、海軍はイギリス式にすることを公式に決定し、海軍による艦船部門や軍楽隊へのイギリス海軍からの雇い入れがはじまった。明治政府は船舶や武器に加え、楽器や曲譜も西欧から輸入したのである。同年11月に海軍操練所から海軍兵学寮に名称を変えた海軍の学校教育は、最初は旧幕臣達を中心に行われていたが、蘭・英・米の語学教師の雇用に続いて、1872（明治5）年には英国海軍との契約が交わされ、アーチボルト・ルシイアス・ドグラス中佐を団長とする顧問団34人が1873（明治6）年7月に来日して、その教育を担うこととなった。篠原宏によればこの時の生徒は125人で、生徒3人に対して英国海軍が選りすぐった教師が1人という割合であった。ただし、英国海軍の顧問団は、海軍兵学寮の練習船コルベット艦「筑波」の乗組員を兼ねていたので、この教師の数が多いとは一概に言えないだろう。

　顧問団の契約は3年間で、家族を同行するものも多く、ドグラスの妻も日本で次女を出産するなど日本の生活に馴染んでいたが、日本に滞在することで出世が遅れることを気にしたドグラスは1875（明治8）年7月に帰国してしまった。やがて最初の3年の契約期間が終わり、1876（明治9）年7月には契約の更新を希望しない14人が帰国した。その後任として、11月25日に准艦長のローレンス・ピール・ウイルランをはじめとする11人が新たに来日した。そのうちの一人が35歳

の中尉で測量士官のトーマス・ヘンリー・ジェイムスだった。

　当時の記録によれば、一行は30代半ばの者が多かったが、今回、妻を同行したのはウイルランとトーマスの二人のみであった。これに関連して、グレイスによる面白い逸話がある。来日の契約では、妻のケイトの分の旅費が支給されなかったため、貧しかった二人はケイトの旅費を借りなくてはならなかったというのである。来日後、二人は借りた金を返すためにベッドの下に黒いブリキの箱を置き、貯金をしたという。トーマスの最初の月給は日本金貨225円で、11人の中ではウイルランに次ぐ高給だった。グレイスによれば、当時は鶏一羽が20銭と物価が安く、しばらくすると、倹約家のケイトは、ベッドの下の箱に金貨を貯めることができたという。日本語ができなかった夫婦の生活では、通訳兼料理人やメイド、外出用の人力車の車夫などを雇わなければ生活が成り立たず、彼らを監督して生活と家計を管理することがジェイムス夫人の仕事となった。

　Japan Directory などによれば、ジェイムス夫妻の住所は「芝山内海軍省属舎第三号」で、後に「芝山内八番」に移っている。この「芝山内」は芝の増上寺の境内を意味している。室町時代に開山した増上寺は、1598（慶長3）年に徳川家康によって芝の地へ移され、徳川家の菩提寺として将軍家の霊廟が置かれるとともに、学問所及び養成所である檀林も置かれた。増上寺本堂の周囲には、多くの子院や学寮が置かれ、丘陵の起伏する広く美しい境内は上野の寛永寺、芝の増上寺と並び称される江戸の名所となったが、徳川幕府の崩壊と明治維新後の神仏分離により、1873（明治6）年には境内の広い範囲が芝公園となった。（口絵4ページ参照）

　一方、海軍は、明治の初めに築地に兵学寮を設け、ここを本拠地としていたが、1872（明治5）年2月の銀座大火により築地が類焼し、水路局をはじめとする多くの施設を失った。このため、急遽、築地に近い

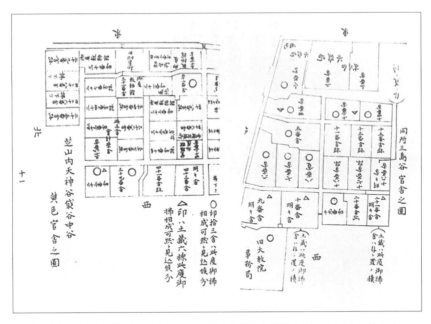

学寮家屋は海軍の「属舎」となった。「芝山内天神谷袋谷中谷官舎之図」「三島谷官舎之図」（『公文類纂』）
（出典：伊坂道子編著『増上寺旧境内地区歴史的建造物等調査報告書』（2003年）所収）

増上寺の境内に水路局などを集団移転し、境内の三島谷と天神谷にあった52の学寮舎などの建築を購入して、「三島谷から順に番号付けを行い「○番属舎」と呼び」、「海軍省官員に貸し出したり、外国人教師宿舎等に充てたりしている」（伊坂道子『増上寺旧境内地区歴史的建造物等調査報告書』）という記録が残っている。ここに掲載されている地図（「芝山内天神谷袋谷中谷官舎之の図」「三島谷官舎之図」）と『芝区誌』（昭和13年）の記述などを重ね合わせると、この地区は戦前の芝公園五号地と六号地で、「芝山内海軍省属舎第三号」は、現在の日本赤十字社本部ビルが建つあたりだと考えられる。増上寺や徳川家の霊廟と松林で隔てられたこの地域は、後の関東大震災や戦火により様変わりはしているが、現在でも「天光院」や「威徳院」などの子院が残されている。単身

者は海軍省の教師館などに住むものもあったが、家族のあるものには属舎が割り当てられ、この一画に、英国海軍の軍人とその家族が住む小さなコミュニティが形成されたのだった。

3. 芝山内での生活

　ジェイムスの夫妻が住みはじめた1877（明治10）年前後の増上寺周辺は、自然に囲まれた静かで美しい地域だった。夫妻に割り当てられた宿舎は、元の増上寺の子院か学寮舎の寺院で、畳に襖や障子の日本家屋だった。きれいで整然としていたが、ベッドやテーブル、イスなどの西洋式の家具はなく、台所道具もなかった。ジェイムス夫人はカーテンやクッションを手作りし、また、大工を雇って竹でイスを作らせ、一家はそのイスを後々まで庭で使っていたという。なお、グレイスが聞いた話では、ある時、オークションがあると聞いたジェイムス夫人が、生活に必要な家財道具を買ってきてくれと頼んだところ、トーマスが買ってきたのは、七宝焼の花瓶二つと、長いたてがみと尾を持った黒い馬だった。後年、夫妻は息子のために西郷伯爵（西郷従道（1843-1902））から贈られた馬を飼うことになるのだが、この時トーマスが買ってきた馬がどうなったのかは分からないとグレイスは書いている。

　トーマスは、東京築地の海軍兵学寮で測量学と数学を教え、遠洋練習航海の練習艦「筑波」に乗り込んで遠洋航海にも出た。「筑波」は、元々は日本海軍がイギリス海軍から購入したコルベット艦「マラッカ」で、遠洋航海の練習船となった。トーマスらが来日した翌年の1877（明治10）年には西南戦争のため常備艦となったが、寄港後は再び練習船となった。1878（明治11）年にはオーストラリア・シドニーまでの遠洋航海に出発し、半年後に帰国した。この時には、トーマスが通訳でもあったジェイムス家のコックを船の料理人として連れて行ってしまい、ジェ

イムス夫人はメイドのさだと二人で取り残されてしまったそうである。グレイスのこの話の真偽はさておき、「筑波」は、1879（明治12）年にはシンガポール・マラッカなどを回航したのちに国内巡航、1880（明治13）年にはアメリカ西海岸への航海し、1882（明治15）年にもオーストラリア・ニュージーランドに航海しているので、トーマスら顧問団は、教員ではあるが船員として一年の半分程を海で過ごす生活だったようである。

　ところで、牧師の娘であるケイトにとって、信仰は何よりも大切なものであった。ジェームス夫妻が来日した頃、芝区では、英国公使館付きの聖職者で、カナダ生まれの聖公会牧師アレクサンダー・クロフト・ショー（Alexander Croft Shaw（1846–1902））が、福澤諭吉（1835–1901）の知己を得て、三田松本町に設立した聖パウロ教会で礼拝を行っていた。ショーは、福澤の援助により、1879（明治12）年に芝栄町（芝公園）に、現在も残る聖アンデレ教会を建設した。ジェイムス一家はここに通い、同じ敷地内にあったショーの自宅にも度々招かれた。のちにショーは、偶然訪れた軽井沢が気に入り、「避暑地軽井沢の父」と呼ばれるようになるが、ショーと親しんだジェイムス一家も度々軽井沢を訪れて滞在している。

　何はともあれ、若い二人は日本の生活を大変気に入り、馴染んでいった。「二人は最初から日本を愛し、日本の人々に共感し、日本の習慣に強い関心を抱いていました」とグレイスは述べている。夫妻が特に楽しんだのは、毎月10日に開かれる虎ノ門金比羅宮の祭りと10月10日の大祭だった。金毘羅宮の屋台では、金魚やおもちゃ、様々な菓子や植物などが売られ、琵琶などの雅楽の音色が鳴り響く屋外の舞台では、お神楽が演じられた。グレイスは、この「お神楽」を「日本の宗教ドラマ」と説明している。日本に来た最初の時期から、二人は金比羅宮の夜祭りに、通訳兼値切り役の料理人を連れて人力車で出かけ、この習慣は後々

まで続いた。ケイトは夜店で売られる花を買い、庭でなつかしい西洋の花や日本の花木を育てることを楽しんだ。

　1879（明治 12）年の末に 3 年間の雇用契約期間が終わると、トーマスは測量士官としてさらに 3 年間の継続雇用契約を結び、給与は金貨 337 円になった[3]。この契約期限の終わる 1882（明治 15）年 11 月の 11 日に、二人の待望の第一子、長女のグレイス（Grace Edith Marion）が誕生した。結婚して 11 年後のことで、この時ジェイムス夫人は 37 歳だった。顧問団の多くが帰国する中で、トーマスは海軍省の需用品取調委員の顧問として、紙幣 400 円の給与で半年の契約を結び[4]、日本に残ることを選んだ。妻と生まれたばかりの子供を慮っての選択だったのかもしれない。半年後、トーマスはさらに契約を継続し、1883（明治 16）年 11 月 24 日まで事務職として継続雇用となり、9 月には長男のアーサー（Ernest Arthur Henry James（1883-1944））が生まれた。この年には海軍兵学寮の顧問団の多くは帰国し、海軍全体のお雇い外国人も合計で十数名になっていた。海軍は、夫妻を招いてトーマスの解雇[5]の饗応を催し、帰国の旅費も支給されたが、二人は帰国せずに日本に残ることを選び、年子の乳飲み子二人と妻を養うトーマスは、一時的に無職の期間を過ごすことになった。

4. バジル・ホール・チェンバレンとの交流

　チェンバレン（Basil Hall Chamberlain（1850-1935））は、1850（嘉永 3）年にイギリスのポーツマス近郊で生まれた。名門の家系で、父も母方の祖父もイギリス海軍の高官だったが、母の死により祖母に引き取られ、フランスで教育を受けた。ヨーロッパを漫遊したのちに、1873（明治 6）年に横浜に来日し、芝に移り住んで日本の古典文学を学んでいた。1874（明治 7）年 9 月 1 日からは、イギリス海軍顧問団長ドグラスの

推薦を得て、海軍兵学寮で英語と幾何学を教えはじめた。

さらに、トーマスの来日直後の 1876 (明治 9) 年 12 月に、チェンバレンは芝山内属舎十号に入居する[6]。海軍兵学寮で測量術と数学を教えていたトーマスとチェンバレンは同僚であり、宿舎もごく近く、ケイトもチェンバレンと親しくなったものと思われる。

拙訳:「ジェイムス夫人は、ここ日本での私の最も早い時期からの友人の一人さ。―ごつごつした骨格と高い頬骨の典型的なスコットランド人の外見で、美しくも優雅でもないけれど、読書家で真心を持った優秀な女性だよ。…(中略)… 11 年間子供に恵まれなかった後で、突然、立て続けに 3 人の子供が生まれたんだ。そして、その子供たちのために、彼女はまず物語を書き始めたのさ」というチェンバレンの 1894 (明治 27) 年 3 月 15 日付のハーン (Lafcadio Hearn, 小泉八雲(1850-1904)) 宛の手紙があり、ジェイムス夫妻とチェンバレンが親交を結んでいたことが分かっている。また、グレイスは、著書のなかで、「父母の友人のチェンバレンさん」にまつわるいくつかのエピソードを語っている。

母のケイトは、西洋人的な偏見が全くなく、子供たちが日本の食べ物を食べることを許していたが、唯一の例外が鮮やかな緑色の着色料で、これには砒素が使われていると信じていた。そのため、グレイスたちは飴細工を買うことを禁止されていた。

飴売りの甲高い笛の音が響くと、子供たちは飴売りに群がり、後をついて歩いた。きれいな色の果物や花、松の枝などの飴細工や餅菓子などの箱は、幼いグレイスには魔法のように思えた。5 厘を持っている子は、好きな飴細工を選び、竹の棒をしっかりと握って飴をなめることができる。5 厘あったら…と願うグレイスと弟は、ある時、飴売りの後をついて歩き、とうとう増上寺の向こう側、飯倉のあたりまで行ってしまった。そこで、奇跡的にチェンバレンに発見されたというのである。痩せて背の高いチェンバレンが、二人を人力車に乗せ、横を歩きながら、「あの

建物は長屋っていうんだよ」と教えてくれたことをグレイスは覚えている。(口絵5ページ参照)

　前述の手紙でチェンバレンは、ケイトの女の子の一人は、私が今まで見た中で最も早熟な子で、特にユーモアのセンスに優れていると書いている。おそらく、幼少時のグレイスはチェンバレンに気に入られていたのだろう。ある時、チェンバレンがグレイスにくれた誕生日プレゼントは、一見すると、赤っぽい木製で白いレンガのような模様がある正方形のドールハウスで、正面のドアにはハンドルが付いていた。ところが、そのハンドルを回すと、箱全体が一気に動いて開き、様々なサイズの引き出しや仕切り付きのキャビネットに変わるというものだった。グレイスはここに、ピンクのリボンなどの様々な宝物を隠していたという。日本の古典のみならず、琉球語、アイヌ語を研究して「外国人として最初の東京帝国大学名誉教師」となったチェンバレンは、生涯独身だった。そのチェンバレンが、小さなグレイスのためにこのプレゼントを選んでいる様子を想像すると、何となく微笑ましい。チェンバレンとジェイムス夫妻の親交は、夫妻の子供の誕生日に贈物をするような家庭的で親密なものであったと想像できる。

　チェンバレンは1883(明治16)年6月に海軍兵学寮を退職し、1886(明治19)年4月から帝国大学教師となった。チェンバレンが1886(明治19)年3月に出版した *A romanized Japanese reader pt.1* の著者の住所は「芝区公園地天神谷10号」で、この頃まで芝山内のジェイムス夫妻の近所に住んでいたと思われる。シャーフ(Frederic Sharf (1934-2017))はその著書 *Takejiro Hasegawa* で、チェンバレンとジェイムス夫妻の友情の結果、チェンバレンはトーマスにMurrayのハンドブック(『日本旅行ハンドブック』)の編集を頼み、ケイトを長谷川武次郎(1853-1936)に紹介したと書いている[7]。出典は明らかではないが、これはおそらく事実であろう。

『日本旅行ハンドブック』は、ロンドンのマレー社の旅行ハンドブックのシリーズの 1 冊で、チェンバレンは、離日する外交官のアーネスト・サトウ（Ernest Mason Satow（1843-1929））と海軍兵学寮の同僚だったホーズ大尉（Lieut. Haws, Albert George Sidny（生年不詳 -1897））から、増補改訂版の編集を引き継いでいた。また、長谷川武次郎の「日本昔噺」シリーズの刊行の準備は、おそらく明治 16 年〜 17 年にかけて始まっていた。チェンバレンとトーマスがともに「失業中」であったこの時期に、チェンバレンがジェイムス夫妻にそれぞれの執筆の協力を申し入れたことは容易に想像できる。

　なお、シャーフは前述のチェンバレンの手紙を引用している部分で、チェンバレンが三人の子供たち（children）としている部分を、ケイトには三人の娘（daughters）がいたと書いている。このため、『ちりめん本のすべて』をはじめ多くの論文では、ジェイムス夫人には三人の娘がいたと書かれる結果となった。

　ジェイムス一家とチェンバレンの親交は、ジェイムス一家とチェンバレンが日本を離れたのちまで続いた。エピローグでも述べるが、1918 年に、New York の Boni and Liveright 社から出版された *Japanese fairy tales* の著者は、1904 年に亡くなったハーン、グレイスとチェンバレン、その他となっている。この本には、ハーンの『ちんちん小袴』をはじめとする 4 作品の他に、チェンバレンの『八頭の大蛇』などの「日本昔噺」シリーズの作品が複数収録されている。『松山鏡』、『鉢かづき』をはじめとするケイトの翻訳作品も収録されているので、おそらくは、チェンバレンとグレイス、ジェイムス夫人の協力で出版されたものと思われる。

　1935 年にチェンバレンがスイスで亡くなった時、*Transactions and Proceedings of the Japan Society, London* に、5 ページにわたる死亡記事を書いたのはグレイスだった。チェンバレンの数々の業績を紹介して、最後に、

神経質ではあるがユーモアに富み、友情に厚くて、女性に対しては同情的で優しく、子供たちに好かれたことなど、チェンバレンの人間的な魅力を語り、身近で知っていたものにしか書けない内容となっている[8]。

5. ジェイムス夫妻と皇室

　海軍兵学寮に勤務していた時代、ジェイムス夫妻の新年は、皇居への参内で始まった。グレイスは、母のケイトが礼装の時に身につけた白いキッドの長手袋を見せてもらったことや、明治の初めの宮中の様子を話してもらったことを書いている。

　夫妻が来日した1877(明治10)年頃の日本の宮中の女性たちは、まだ、洋装ではなく、昔からの伝統的な緋の袴をつけ、地面につくほど長い袖を翻して、まるで絵のように、驚くほど美しかった。女性たちの髪はなめらかでカラスの羽のように真っ黒で、頭から耳の上までは翼のように形作られ、マントのように広がって肩にかかっており、端は白い紙でまとめられていたという。これは、おそらく、小袿（こうちぎ）とおすべらかしのことだろうと思われる。

　一方、宮中に参内している男性たちは制服で、あまり洋装を着慣れているようには見えなかった。西洋の文化は流入してきたばかりなので、留学経験があるものを除くと、洋装についての一般的な知識を持っていない者が多かったのである。多くの紳士たちは、既製品の大きすぎる礼装を着て、ブーツからラベルがはみ出したり、シルクハットを耳まで深くかぶって、あるいは頭の後ろに軽妙にかぶっていたりしていた。そして何よりも珍妙だったのは、普通のカラーとネクタイの代わりに、首の周りに小さめのバスタオルをマフラーのように巻いた姿だった。

　グレイスは思わず「みんな、笑わなかったの？」と聞いてしまったそうだ。「何人かの人は笑ったわ。残念だわ。笑うなんて、品のないことよ」

「なぜ？だって、可笑しかったでしょう」「おかしいとは思うけど、ただ単に、私たちは普通はそれをしないというだけなの。きちんと考えれば、本当にばかげたことではないと思うわ。ひどく寒い朝だったから、タオルは快適だったのよ。ところで、私たちは、日本的な考え方からすると、ばかばかしかったり、不条理なことをどの位していると思う？」「分からないわ、ママ。」「私はたぶん、毎日何回もしていると思うの。でも、この国の人たちはとても礼儀正しくて、育ちがいいから、笑ったりして私たちがいやな気持にならないようにふるまってくれているのよ」このやり取りは、グレイスの心に深くきざまれたと思われる。

　正月の皇居への参内以外にも、練習艦の筑波が遠洋航海に出る際などには、明治天皇の視察が行われた。トーマスが海軍を解雇される際にも、謁見があったという文書[9]が残っている。

　さらにお雇い外国人の妻にも拝謁があったことは、「皇太后宮に付雇外国人妻拝謁の件宮内省へ回答」という文書[10]などで確認することできる。この文書では、「皇太后宮　皇后宮来ル三十日扶桑比叡之両軍艦叡覧トシテ横浜へ　行啓ニ付同所東海鎮守府ニ於テ当省雇外国人サットン外四名之妻へ拝謁之節」とあって、サットン上頭機関士、ウイルラン准艦長、ベーリー測量士官、トーマス・ゼームス測量士官、アンデルソン・ドクトルの妻に、扶桑艦之内で皇太后と皇后が、東伏見宮、有栖川宮、伏見宮などとともに拝謁するという内容である。

　なお、グレイスの聞いた話の中には、ある皇女からのすばらしい賜りものが、早朝の5時に届けられて、困惑したという話もある。いずれにせよ、これらのエピソードは、海軍のお雇い外国人が帝国海軍の高官と同じような待遇を得ていたこと、現在の私たちが考えるよりも、はるかに当時の日本の宮中や華族階級の人々に馴染んでいたことを示している。ジェイムス夫妻は、短期間ではあるが、イギリス本国の勤務では、決して手に入ることのない地位を得たのである。

一方、詳しくは後述するが、のちにジェイムス夫人はこの時代に培った縁により、乞われて華族階級の子弟の語学教師を務めることになる。この時期の日本は、「鹿鳴館」に代表されるように、国を挙げて西欧の文化を取り入れることが必要とされていた。博学な聖職者の娘で、イギリスの上流階級の家庭教師を務めていたというケイトは、語学のみならず服装やマナーを含め、西洋文化を身につけたい日本の華族階級の人々にとっても、ある種の魅力のあるキャリアの持ち主だったと考えられる。

6. 日本の人々との交流

　日本海軍を契約終了により解雇となった一年後の1885 (明治18) 年、トーマスは Nav. Sup. M. B. S. S. Co. (三菱汽船会社／郵便汽船三菱会社) に Navigating Superintendent (航海監督) として採用された。トーマスは、海軍時代に三菱汽船会社の隅田丸沈没事件の審問に際して、三菱汽船会社に「貸出」された記録が残っている。おそらくは、この時に得た人脈による採用だったのだろう。三菱汽船会社はこの年の9月に共同運輸会社と合併して日本郵船会社が設立され、トーマスも日本郵船会社に移籍した。

　この年の12月、海軍兵学校はトーマス・H・ジェイムス著、近藤真琴翻訳『颶風論(ぐふうろん)』[11]という教科書を生徒向けに出版した。「颶風」は、熱帯低気圧や温帯低気圧に伴う暴風を指す古い気象用語で、颶風の強力なものが台風である。「序」には、海軍兵学校が雇用していたジェイムスに「閑暇」な時があったので、航海者の必用の書として、艦内教官として教えた内容を書かせ、近藤真琴が翻訳したことが説明されている。

　長い鎖国で遠洋航海の知識に乏しかった日本にとって、外洋航海の経験が豊富な測量術のエキスパートであり、明るく、流ちょうな日本語を話し、かなに加えて漢字も少し書くことができたというトーマスは、海

軍にとっても、また、遠洋海運への事業拡大を目指す民間の海運会社にとっても有用な人材だったのだろう。

　この頃、ジェイムス一家は「芝山内海軍省属舎第三号」から「芝山内八番」に移っている。1887（明治20）年8月には、次女のエルズペス（Elspeth Iris Fraser（1887-没年不明））が生まれた。グレイスとアーサー、エルズペスの三人の子供たちに加え、雇人も料理人、メイド、車夫、さらに住み込みの中国人の乳母の Ah Kai とその息子などが加わり、一家の人数は増えていった。「芝山内八番」も純和風の建築で、畳敷きで唐紙で仕切られていたが、ベランダがついていた。子供部屋は、増築した唯一の洋風の部屋だった。ジェイムス夫人は、カーテンや写真は好まないが、植物と本にはぜいたくだったとグレイスは述べている。

　さらに、この頃、トーマスの弟、アーネスト（Ernest Llewellyn James（1854–1932））も来日し、芝山内で一家と同居して、トーマスと同じ日本郵船会社で働き始めた。若くて陽気なアーネストは、小さな子供たちにとっては楽しい遊び相手であった。

　「芝山内八番」が正確にどこを指すかは分からないが、グレイスの記憶では家の裏には外国人向けのテニスクラブがあり、近くの四角い蓮池の小さな橋を渡ると大門の大通りに出て、その先が Shime-mai「神明前」だったという。この記憶が正しければ、今回は、海軍属舎の域内での引っ越しであったようである。芝神明前は、江戸時代には錦絵の出版・販売の中心だった地域で、現在の芝神明商店街付近だと思われる。神明前には様々な店があった。グレイスがよく覚えているのは、冬のサツマイモの店（焼き芋屋）で、ケイトがよく2銭分の焼き芋を買い、グレイスとアーサーを載せた乳母車の中に入れて温めてくれた。（明治15年頃の汽車賃の最低料金が3銭なので、この時代の2銭は大体現在の150円位だったのだろう。）6月には、焼き芋屋は氷屋の旗を出す。するとトーマスがこれを指さして、漢字を教えてくれた。その先には稲荷ずしや海

苔巻きなどのおすしを売る店もあった。「絹の店」でグレイスは、「藤色」「桃色」「海老茶」などの日本の色の名前を覚えた。一家のお気に入りは青と白の浴衣生地などを売る「フランネルの店」で、ケイトが店のふちに腰かけて品物を選ぶと、足が通りに突き出てしまうような店だった。それでも、親切にお客にお茶を出してくれるのだった。ミーン、ミーン、ミーンという蝉の鳴き声と「コオリ、コオリ、コオリ」という店の呼び声は、いつまでもグレイスの記憶に残った。

　ケイトは食事の時間を厳格に守り、それ以外の時間にものを食べることを許さなかった。朝食はポリッジ（粥のようなもの）とジャム付パンで、ごくまれにシロップが添えられた。時々、ケイトの作るおいしいイチジクのジャムも食卓にのぼった。それに、ミカンやイチゴ、ブドウやイチジクなどの果物もあった。桃やスモモは、子供が生で食べるのは危険ということで、いつも調理して出された。12時がディナーの時間で、日曜日はローストビーフ、その他の日は、コッテージパイやアイリッシュシチュー、メンチとマッシュポテト、時にはチキンも出た。そして、デザートはおいしいプディング（蒸し菓子）が必ず出された。ローリー・ポーリー・プディング、トリークル・スポンジ・プディング、アップル・プディング、ブレッド・アンド・バター・プディングなどで、パンケーキのこともあった。果物もあり、ごくまれにチョコレートが出ることもあった。ケイトは、水あめや小さな羊羹、かすてらや金平糖などの日本の菓子を食事の後に食べさせてくれて、子供たちは日本の甘味が大好きになった。アフタヌーンティはなく、お茶と夕食は5時か6時だった。夕食は卵で、まれにごはんのこともあった。ごはんは、好みでジャムや牛乳をかけてもよかったが、大体は皆、そのまま食べた。日本食はめったに出なかった。

　トーマスは時々、日本人の夕食会に招かれ、菊や牡丹の花などをかたどった美しい菓子や白とピンクの飴が入った箱を土産に持ち帰った。みんなが大好きなのは羊羹だった。東京にはスイーツの店がたくさんあっ

たが、ジェイムス家では、自分たちが食べるために菓子を買うことはめったになかった。ただし、お茶会を開く時にはジェイムス夫人は風月堂でケーキを選び、バースディケーキも風月堂に注文した。「風月堂に行こう」は、「めったにないごちそう」という意味だった。

　ところで、この頃、グレイスはのちに子爵に叙せられる青木周蔵(1844-1914)の令嬢青木ハナ（ハンナ）(Hanna Aoki（1879–1953）)の遊び相手を務めている。ジェイムス夫人が初めて連れて来た時、3歳年上のハンナは美しく同時に威厳のある小さな少女で、毛皮をまとい、上から下まで真っ白に装っていた。裏のテニスコートの日本人の管理人の娘たちと、毎日泥だらけになって遊んでいたグレイスは、生まれて初めての社交的な努力でハンナと仲良くなり、以後は度々ハンナの屋敷にお茶によばれて遊ぶことになった。屋敷は、とても大きな洋館で、ハンナは揺り木馬や大きくて美しいドールハウスを持っていた。青木周蔵は、当時、条約改正の中心人物として活躍し、各国の公司や大使などを歴任して、外務大臣も務めた人物だった。しかし、子供たちにはやさしく、よく、二人の少女を膝にのせて遊んでくれた。ハンナの母のエリザベートはドイツ人で、屋敷にはドイツ人の家令のフリッツがいた。お茶には少し酸味のあるバター付パン（ドイツ風のパン？）が出され、グレイスの口には合わなかった。

　同じ頃、弟のアーサーにも遊び友達ができた。アーサーと同い年のロイ・ピゴット(Francis Stewart Gilderoy Piggott, CB (1883-1966))は、父が伊藤博文の法律顧問となったため、1888（明治21）年に4歳で来日した。アーサーと友人になり、のちに「わたくし達二人は、市兵衛町で一緒にわたくしの五回目の誕生日を祝って以来、お互いの職業のいろいろな舞台で同僚だった」[12]と述べているように、同じような学歴と経歴を共有し、生涯の友となった。

　青木周蔵の邸では子供のダンス講習会が開かれ、子供の仮装舞踏会で

は、アーサーは海軍少尉候補生、ピゴットは道化役者、ハンナはアラディンに扮した。ピゴットによれば、もっとも目立ったのは、西郷従道伯爵の4人兄弟（従徳、従義、従親、従志）の桃太郎とその家来の扮装だった。海軍大臣西郷伯爵は、アーサーとピゴットに朝鮮の仔馬を与え、二人はそれに乗って九段の暁星学校に通ったという。

こうした逸話からは、日本の上流階級が、子弟を幼少期から西洋の文化に馴染ませるために、積極的にお雇い外国人の子弟と交流させたことがうかがわれる。それは同時に、将来の留学などの機会に、子供たちが戸惑うことがないようにとの配慮であったと思われる。

7. 日本人への英語教授

ジェイムス夫妻が初めて来日した1876（明治9）年当時、欧米人はめずらしく、欧米の言葉や習慣は日本人には目新しく、興味深いものに思われていた。グレイスは、日本人の若くて前向きな人々は好奇心に燃え、様々な方法でその好奇心を満たそうと試みたと前置きして、母から聞いたというこのような逸話を残している[13]。

ある日、ケイトは増上寺の近くの大木の陰の道を一人で歩いていた。一人の学生風の若者が後ろから近寄ってきて"Good morning, Sir or Madam"とうれしそうに話しかけてきた。ジェイムス夫人はこのあいさつに振り返ったが、うれしく感じると同時に、おそらくは奇妙な呼びかけの言葉に少々当惑して、そのまま歩み去ろうとした。けれども、若者はジェイムス夫人の腕をつかんで引き留めた。

「私のご主人様は病気です」と、若者は今度は熱心な様子で英語で言った。「ああ、それはお気の毒ですね。」とジェイムス夫人は答えた。ところが、若者はまた「私のご主人様は病気です」と繰り返す。まるで「アラビアンナイト」のようなのだが、とグレイスは書いている。若者がこ

の文章を6、7回繰り返したところで、ケイトは何かたくらみ（？）があるのではないかと疑いだした。グレイスは、このあとジェイムス夫人がどのようにして若者に説明させたのかは分からないと書いている。その若者は、手元の英語の入門書に書かれていたいくつかのフレーズを繰り返していたのである。それに気づいたジェイムス夫人は、最終的に、その本を使って、短い時間だが路上で英語を教えたという。異国の人通りの少ない寺の脇道での、唐突でやや無作法な呼びかけに恐怖を感じて当然のところを、ジェイムス夫人は冷静に受け止め、ていねいに対応したのだろう。

　最後に若者は、今回の記念の印としてその英語の入門書をジェイムス夫人にプレゼントしたいと言い出した。この本は、祭りの屋台で5銭で買ったものなので、私はもう一度買うことができるからというのだった。ケイトはこの本をずっと手元に置いていたらしく、来日から6年後に生まれたグレイスが、文字を読める年齢になった時に、この本を見たことがあると書いている。本のページの紙はピンク色で、この色は、東京である時期、安い読み物などに好んで使われたものだったと説明している。幼かったグレイスがこの本の内容で覚えているのは"Will you light a Yandel?"というつづりの間違った文章と、風呂につかり、顔以外は湯気で見えない女性の線描の挿絵があったことだとも書いている。おそらくは、誤りも多く、発音などの説明も十分ではないような英会話の入門書が、祭りの屋台で売られ、それで一生懸命英語を勉強しようという人々がいることに、ジェイムス夫人は気づいたのだろう。

　ちなみに、1885（明治18）年に長谷川武次郎が売り出した和装本の英語の学校用教科書は4銭、1888（明治21）年に出版されたジェイムス編『英文日本昔噺独学』は6銭だった。当時の東海道線の1駅分の乗車賃が3銭、5銭あれば安い昼食を取れる位の金額であったので、5銭は薄い簡易なパンフレットのような本としては、妥当な値段だったと

思われる。ただし、同じ時期に、丸善などの書店では、発音や文法などの説明がある洋装本の独習書は 60 〜 70 銭程度で販売されていた。こちらは、ある程度教育のある人々が使っていたものと思われる。

　ところでグレイスは、母は若い頃、川村純義海軍大将（1836 – 1904）の息子の川村鉄太郎（1870 – 1945）に、英語を教えていたと書いている[14]。ジェイムス夫人の話では、鉄太郎は毎日、恭しい召使に伴われてジェイムス家に通ってきたという。鉄太郎は、いつも気配りのできる礼儀作法の模範のような少年だったが、ジェイムス夫人が『涙とさようなら』で適度に教えている間、召使はご主人の椅子の後ろに立ち、時々「ちゃんとして、ちゃんとして」とささやきつづけていたそうだ。『涙とさようなら—簡単にできる読み方（*Reading without tears, or, A pleasant mode of learning to read*）』は、英国ヴィクトリア朝の児童文学作家モーティマー夫人（Mrs. Mortimer, Favell Lee Mortimer（1802-1878））による子供向けの挿絵入りの英語の教科書で、19 世紀を通じて、英国内や国外で非常に人気があった。ジェイムス夫人は英語を教える際に、この本を使っていたのだろう。

　川村鉄太郎は、慶應義塾幼稚舎卒業後の 1886（明治 19）年に渡英してケンブリッジ大学リース校で学んだ[15]。卒業後はロンドンの理化学院で学んでいるので、鉄太郎がジェイムス家に通って英語を勉強していたのは、慶応義塾幼稚舎時代か、その後の留学準備期間だったのだろう。

　父の川村純義は薩摩藩出身で、母の春は西郷隆盛の従妹にあたる。トーマスが来日した時期、川村純義は海軍大輔、海軍中将で、その後、海軍卿となっている。トーマスの海軍兵学寮時代を通じて、海軍を取り仕切る立場にあり、言わばトーマスの最も上の位の上司であった。ケイトの家庭教師としてのキャリアのことを知る機会もあったのであろう。川村純義の屋敷は狸穴町にあり、増上寺を挟んでジェイムス一家の住まいにも近かった。そうした縁で、川村純義が留学を志す鉄太郎の家庭教師を

ジェイムス夫人に頼んだものと思われる。

　ジェイムス一家と川村鉄太郎は非常に親しくなり、グレイスの記憶では、時期は不明だが、鉄太郎がジェイムス家に滞在したこともあったし、夏の休暇を一緒にスイスで過ごしたこともあったという。川村純義はのちに伯爵となり海軍から離れたが、明治天皇の信任が篤く、皇孫の迪宮裕仁親王（後の昭和天皇）と淳宮雍仁親王（後の秩父宮）の養育に従事した。鉄太郎は、帰国後、日本勧業銀行に勤務していたが、父が皇孫の養育を命ぜられると、銀行を辞して皇孫の御用となった。数年後、父が亡くなると爵位を受け継いで伯爵となり、貴族院議員を務めた。家族、子孫には、歴史上の有名人も多い。つまり、ジェイムス夫人は、日本の華族の中でも、将来を嘱望されるような青年の一人に英語を教えていたということになる。

　なお、ジェイムス夫人よりも遅く来日し、華族や富裕層の令嬢たちが通う女学校で英語を教えていた姉ベル（氏名、生没年不明）の存在も考え併せると、おそらくベルたち姉妹は、当時の英国でよく使われていた英語の教科書について、しっかりとした知識をもっていたのだろう。

　このようにみていくと、ケイトが、英語の初等教育者としての知識をもっていたこと、英国で出版された教科書を使って、植民地やそしておそらく日本でも英語を教えた経験があったことも、チェンバレンが長谷川武次郎にケイトを紹介した理由の一つだったのではないかと思われる。なぜならば、のちに「ちりめん本」crepe-paper booksとして海外で有名になる「日本昔噺」シリーズは、当初は、日本の学童が外国語を学ぶための国内向けの教科書として企画されたものだったからである。

8. 火事で焼け出される

　1889（明治22）年前後、一家は住み慣れた芝山内の地を離れ、麻布

仲ノ町に転居する。長女のグレイスが7歳になり、「虎ノ門の女子校」[16]に通い始めたため、通学に便利な場所を探したものと思われる。この家は陸奥宗光の屋敷で、陸奥の海外赴任中に借りていたと、グレイスは記憶している。子供たちにとっては、初めての洋館での生活だった。陸奥宗光は、生涯で多くの転居を繰り返していて、この屋敷がどのようなものであったのかは分からない。当時の住所から、鳥居坂をのぼりきったあたりのやや東側、現在の麻布小学校の向かい側の一角にあったと思われる。前述のアーサーの友人、ピゴットの住む市兵衛町ともごく近い地域であった。当時は静かな屋敷町であったためか、グレイスはこの町については記述していない。むしろ、ショウ牧師の家で開かれる日曜学校の様子や、通学、鎌倉の海岸や日光での避暑などの思い出が残されている。なお、この頃には、ジェイムス夫人の姉のベルが来日し、グレイスの通う女子校で英語を教える傍ら、家では子供たちの勉強をみたり、グレイスにピアノを教えるようになっていた。

　やがて、陸奥宗光が帰国し、一家は1891（明治24）年頃に赤坂の大和屋敷に転居した。アメリカ大使館の近くにあったこの家は、古い平屋で、一家がそれまで住んだ中では一番広い家だった。ジェイムス家の庭を隔てた向こうには父母の友人のパウノル（Pownall）一家も住んでいた。赤坂の家は、子供部屋と子供達の寝室が建物の一番奥にあり、その近くにベルの部屋、夫妻の部屋とグレイスの部屋、食堂と客間、アーネストの部屋などが続く、細長いつくりの家だった。11月9日、暖かい晴天の日の夜7時頃、子供用寝室の奥の風呂場の炉から出た火は、雇人や消防の努力もむなしく、3時間近くをかけて、ゆっくりと木造の家を焼き尽くした。幸運だったのは、誰にもけががなかったことだった。また、火元が家の奥まったところであったため、ベッドや寝具、台所用品、子供たちの持ち物、衣類などは焼けてしまったが、火元から離れていた食堂や客間の家具は、かなり運び出すことができた。ジェイムス夫

人は、まず、子供たちを近所の家に避難させた。その後に、ロングスカートを拾い上げて大きな袋を作り、火の中を歩き回って、イギリスから持ってきた記念の品や、お気に入りの飾り物などを次々に集め、袋に入れていった。火がせまり、危険だからと止められてもやめなかったため、とうとう、雇人や警察官にむりやり連れ出された。こうした大混乱の最中に、書留を配達する郵便配達夫が到着した。「なんてことなの。家が火事なのよ」とジェイムス夫人が言っても、郵便配達夫は、微笑みながら「受け取り」を繰り返す。ケイトはとうとう、警察官が耳の後ろに挟んでいた鉛筆を借りて、受け取りにサインをしたという逸話をグレイスは書いている。母の言うことを聞いて、着の身着のままで逃げたグレイスは、大切な宝物をすべて失くしてしまったが、弟のアーサーは、逃げる時に、切手のアルバムをしっかり抱えていた。ケイトは、後日、火事の際に、以前働いていた雇人たち、一家に腹を立てて出て行った人までが駆けつけて、できるだけのことをしてくれたとグレイスに話している。近所の人たちや友人たちも手際よく助けてくれた。一方、夫のトーマスは、クラブでビリヤードをしていた時に火事の知らせを聞き、急ぎ人力車で帰宅したが、その時には、家は焼け落ちる寸前で、できることは何もなかった。出火の際にクラブにいたのは偶然であるとしても、火事の際にも落ち着いてぎりぎりまで家財を守ろうと頑張る妻とそれを支えてくれた使用人達と隣人たち、そして、現実面ではあまり役には立たない夫という構図が苦笑をさそう。

　火事の後は、夜中であるにも関わらず、近くのアメリカ公使館が門戸を開いて一家を受け入れてくれ、隣家に避難していたグレイスは、家族と再会することができた。友人や知人から次々に見舞いの品々が届いた。かごいっぱいの卵やオレンジなどの食べ物、ティーセット、絹やちりめんの反物もあった。トーマスの保険会社からは、伊万里の茶器の一式が届いた。グレイスが通う「虎ノ門の女子校」でベルおばさんが教えてい

たクラスの生徒たちからも、すばらしい品々が届けられた。グレイスは、この時プリンセス・イワクラ[17]から届いた美しい皿をずっと大切にしていると書いている。この火事の後、一家はすぐ近くの赤坂区葵町で仮住まいをすることになった。同居していたトーマスの弟のアーネストは、この後、英国人女性と結婚し、麻布区内に転居した。

9. 日本の友人と最後の家

　ジェイムス一家には、日本人の友人がたくさんいた。そのうちの一人が弁護士で、英吉利法律学校（のちの中央大学）の初代校長の増島六一郎（ますじまろくいちろう）（1857-1948）だった。増島は、日本人には珍しく、率直でフランクな人柄だった。大学を卒業後、英国で教育を受けた増島は、英国びいきで、英国の服装や英国式のやり方を好んだ。ただし、グレイス達からみると、増島は必ずしも英国風ではなかった。服装は英国から取り寄せたものだが、着方が奇妙だった。グレイスは一度、増島がフロックコートを着て山高帽をかぶり、明るい黄色のブーツを履いていたことを覚えている。増島は、流ちょうな英語を早口で話したが、アクセントが強く、奇妙なやりかたで咳をしたり、鼻をならしたりした。英国人たちは、増島のマナーを好まず、うんざりしていたが、ジェイムス夫妻は、増島が善良で正直であり、賢く、教養があって親切なことを理解していた。とはいえ、増島との交際は、ややもするとジェイムス一家の平穏が脅かされるような事態になることもあった。ある時は、朝早く、一家の朝食が済んでいない時間に、増島が大声を上げながらチェスナットと名付けた馬に乗って現れ、その馬が庭の花や芝生を食べたり、穴をあけて庭を荒らしてしまったことがあった。また、子供たちの就寝前、ジェイムス夫人が皆に静かに本を読み聞かせている時間に、玄関で大きな音を立て「ありあわせのものをいただきに来ましたよ」と大声を出しながら、

増島が小さなつむじ風のように入ってくることもあった。

　結婚後、増島はジェイムス夫人に妻を紹介した。妻を英国風のレディにするために、ジェイムス夫人に力を貸して欲しいというのである。増島夫人は、若く、かわいらしく、恥ずかしがり屋で、美しい着物を着て、黒い小さなペキニーズを連れていた。とりあえずは、英国風の洋服の一式を買いそろえて欲しいという頼みで、グレイスも一緒に銀座に買い物に行くことになった。当時は、東京でも英国の洋服を扱っている店は多くはなかったが、ちょうどその頃、銀座の中央通りにパウンスフォート夫妻の店が開店したばかりだった。パウンスフォート夫人が下着類の相談にのってくれ、増島夫人の帯に苦労しながらも、どうにかサイズを測ってもらい、茶色の毛織のドレスを注文した。それから日本人の老婦人がリボンやレースなどを売っていて、帽子も作っているヨーロピアンパレスという店に行った。増島夫人は日本髪だったので、帽子を試着するのは無理だった。おまけに、帽子の飾りは「羽？それとも花？」と店主が繰り返し聞いても、増島夫人は「さあ」というばかりだった。

　帰り道で、グレイスが「かわいそうな増島夫人。あれだけの洋服を着るのは大変なことなんじゃないかしら」と言うと、ジェイムス夫人は少し考えて「そうね。あの方が洋服を着ることはないと思うから、あまり意味がないと思うのよ」と答えた。実際、増島夫人が洋服を着ることはなかったそうで、結局のところ、増島の妻を英国風のレディにするという試みは成功しなかったようである。これは、鹿鳴館が華やかであった時代の逸話で、国際化を望む日本人の、どこかずれたきまじめな努力と空回りをジェイムス夫妻はあきれることもなく、冷静に受け止め、できるだけの手助けをしたのだろう。増島六一郎は、ジェイムス一家の帰国後も、教え子が渡英する際にはジェイムス一家を訪ねさせるなど、長く交際を続けた。

　新しい住居を探していたジェイムス一家は、1893（明治26）年頃、

麻布区今井町 41 番地（現在の六本木 2-1）に転居した。この家は、桜並木の大通りに面し、1890（明治 23）年頃までは、著名な詩人のエドウィン・アーノルド卿（Sir Edwin Arnold（1832-1904））が住んでいた日本家屋だった。米国人画家ロバート・ブルーム（Robert Blum（1857-1903））によるこの家のスケッチが残っている（口絵 5 ページ参照）。グレイスによれば、公園のように広い庭の中に数軒の家があるうちの 1 軒で、左手に家主の Mr. Asso（麻生武平（1835-1907））の家があった。麻生武平は、白く長いひげをはやした老紳士だった（口絵 5 ページ参照）。英語を少し話し、よく、母のジェイムス夫人におとぎ話を語るためにジェイムス家を訪ねて来ていた。ジェイムス夫人はそれを書き記して、美しい挿絵の小さなちりめん本を出版した。グレイスも度々、座り込んで、麻生の長い長い物語を聞いていた。

　麻生武平は、慶應義塾を卒業して、初代海軍機関学校校長を務め、海軍機関大監となった人物だった。著作に『日本歴史図解 上世紀』がある。海軍兵学寮の中教授だったこともあり、この縁で、ジェイムス夫妻に家を貸したと思われる。

　新しい家は少し手狭で、子供たちも大きくなっていたため、トーマスは 2 階建ての半ヨーロッパ風の広い部屋を建て増した。ベルは、この改築前に、「虎ノ門の女学校」の学校のなかの家具とメイド付きの部屋に移っていた。また、一家の家の近くには小さな家が数軒あり、年取ったメイドのさだの住む家や、車夫のショウさんが妻子と住んでいる家もあった。

　一方の敷地のはずれを出ると、麻布谷町（現在の三谷坂の坂下付近）に出る裏道があった。谷町は小さな汚い通りで、ごみごみしていて、小さくて安い、団子や海苔巻きなどの食べ物を売る店が並び、活気があった。ジェイムス一家の料理人の妻はとてもよい人で、この谷町に住んでいた。子供たちは谷町に行きたがったが、ジェイムス夫人は、谷町には

乱暴で不衛生な子供がいて、病気がうつることを理由に挙げて、子供たちが付き添いなしで谷町に行くことを決して許さなかった。病気に伝染することが本当の理由なのか、それとも他に訳があったのかはよく分からない。谷町は、現在は高速のジャンクションに名前が残るだけで、ホテルやビルが立ち並ぶ、赤坂と六本木に挟まれた一角となっている。

敷地の中のもう一軒の家には、間もなくパウノル一家が越してきた。パウノル夫人とジェイムス夫人は大の仲良しで、ほぼ毎日一緒だったとグレイスは書いている。チャールズ・パウノル（Charles Assheton Whately Pownall（生没年不明））は日本鉄道の顧問技師で、妻のドーラ・ボーン・ロイズ（Dora Bourne Royds（生没年不明））とともに1890（明治23）年に来日した。チャールズの父はレスター大司教アシュトン・パウノルで、ケイトと同様に聖職者の家庭の出身であった。ジェイムス家の次女エルズペスとパウノル家の次男ヘンリーは同い年で、いつも一緒に遊んでいた。

パウノル家と、そしてジェイムス家でも、ゲームとカドリールやカントリーダンスなどをするパーティが催され、大人も、そして子供たちも楽しんだ。英国やアメリカ、ヨーロッパ各国の友人に加え、麻生家の娘たちなど多くの日本人の友人は着物に帯で、清国公使館の女性は明るい刺繍の中国服で参加した。パーティは6時頃にはじまり、夕食前には、トーマスがリーダーになり、様々なダンスのバリエーションの指示を出して、全員で屋敷中を踊り歩いてから食堂で子供たちが食卓につき、大人たちが給仕をしてくれた。テーブルにはターキーやハム、パテ、フルーツサラダ、ゼリーやトライフル、レモネードやクラレットが並んでいた。トーマスは、全員がパートナーを見つけてダンスができるように、子供たちを指示して見知らぬ人同士を紹介したり、親しくなれるように気を配った。

1894（明治27）年から翌1895（明治28）年には日清戦争があり、また、

近所の火事や小さな地震、アーサーの重病など様々な出来事があった。やがて長男のアーサーが、prep school 入学するために英国に帰国した。それから一年も経たない 1895（明治 28）年、日本郵船のロンドン支社の開設準備のため、ジェイムス一家は全員で帰国の途に着くことになった。明治維新の記憶の冷めやらない 1876（明治 9）年に来日したジェイムス夫妻は、日本の「文明開化」の時代を、日本人の友人として伴走したことになる。来日時に 31 歳だったジェイムス夫人は、離日時には 51 歳になっていた。

〈参考文献〉

1. Koizumi, Kazuo, comp., *Letters from Basil Hall Chamberlain to Lafcadio Hearn*, Tokyo, 北星堂書店, 1992. p. 84.
2. Koyama, Noboru. "Grace James (1882–1965) and Mrs T.H. (Kate) James (1845–1928): Writers of Children's Stories." *Britain and Japan: Biographical Portraits*. Vol. IX. Ed. by Hugh Cortazzi. Folkestone, Kent: Renaissance Books, 2015. pp. 472 – 480.
3. 「麻布の軌跡　麻布の家 1　米国人画家の来日」『ザ ASABU』港区麻布総合支所 28 号 2014 年 6 月 26 日. p.6.
4. 「麻布の軌跡　麻布の家 2　日本を愛した 2 人の英国人」『ザ ASABU』港区麻布総合支所 29 号 2014 年 9 月 30 日. p.6.
5. 篠原宏『日本海軍お雇い外人　幕末から日露戦争まで』（中公新書 893）中央公論 1988.
6. 立脇和夫 監修. *Japan directory 1-48*, Yumani Shoboh, 1996-1997.
7. 日本経営史研究所編『日本郵船百年史資料』日本経営史研究所 1988.10
8. F.S.G. ピゴット著ほか『断たれたきずな：日英外交六十年』時事通信社 1951.

〈注〉

1. グレイスが日本の思い出を書いている主な著作は以下である。同じエピソードでも、省略したり、個人名を省いている場合があるので、内容を相互に補って記述した。

    James,Grace. Eary recollection of Tokyo. *Transactions and Proceedings of the Japan Society,* London. vol.31, 1934. pp.1-17.

    James,Grace. *Japan, Recollections and Impressions.* G. Allen & Unwin, 1936.

    James,Grace. *John and Mary's Aunt.* Frederick Muller Ltd., 1950.

2. 「東京府　外務省　兵学校雇入英人雇期住所等通知英人ヘリー外6名旅行免状渡方掛合」JACAR（アジア歴史資料センター）Ref.C06090292600、明治9年公文備考外出巻27自87至173（防衛省防衛研究所）

3. ユネスコ東アジア文化研究センター編『資料お雇い外国人』小学館 1975.1 pp.285-286.

4. 「普3713の8　外務省検査院へ通牒　ジェームス雇継」JACAR（アジア歴史資料センター）Ref.C09103591600、公文原書　巻33　本省公文　明治15年12月11日～明治15年12月19日（防衛省防衛研究所）

5. トーマスは契約期間終了による退職であるが、当時の文書では「解雇」という用語が使われている。「雇外国人ジェームス解雇に付本人并妻とも饗応相成度件」JACAR（アジア歴史資料センター）Ref.C11018816800、明治16年　普号通覧　巻38　普2411号至2500号　10月分　本省公文（防衛省防衛研究所）

6. 「主船局　教師チャンブルレーンヘ芝山内属舎貸渡方達」JACAR（アジア歴史資料センター）Ref.C06090297000、明治9年公文備考外出巻27自87至173（防衛省防衛研究所）

7. Sharf, Frederic A. *Takejiro Hasegawa : Meiji Japan's Preeminent Publisher of Wood-Block-Illustrated Crepe-Paper Books.* Peabody Essex Museum, 1994. p.48.

[8] James,Grace. Basil Hall Chamberlain [obituary]. *Transactions and Proceedings of the Japan Society, London.* vol.32, 1935. pp. xi -xv.

[9] 「雇外国人ジェームス解雇に付内謁見被仰付度件」JACAR（アジア歴史資料センター）Ref.C11018816700、明治16年　普号通覧　巻38　普2411号至2500号　10月分　本省公文（防衛省防衛研究所）

[10] 「外出755　皇太后宮に付雇外国人妻拝謁の件宮内省へ回答」JACAR（アジア歴史資料センター）Ref.C09112951400、公文類纂　明治11年　後編　巻3　本省公文　禮典部2（防衛省防衛研究所）

[11] ジェームス著他『颶風論』海軍兵学校　1885. 国立国会図書館デジタルコレクション https://dl.ndl.go.jp/pid/831638（参照 2024-06-22）

[12] F.S.G. ピゴット著ほか『断たれたきずな：日英外交六十年』時事通信社 1951.p.7.

[13] James,Grace. *Japan Recollections and Impressions*. G. Allen & Unwin. 1936. pp.19-20.

[14] James,Grace. ibid. p. 257.

[15] 三田商業研究会 編『慶應義塾出身名流列伝』実業之世界社　明42. pp.269-270. 国立国会図書館デジタルコレクション https://dl.ndl.go.jp/pid/777715（参照 2024-10-02）

[16] グレイスの記述による教師名や、ジェイムス家とショー牧師の関係から東京女学館だと思われる。問い合わせたが、確認が取れなかったとの回答だった。

[17] 東伏見宮依仁親王の妃、旧名は岩倉周子（いわくらかねこ）

【コラム】
1. インターネットで見るちりめん本

　ちりめん本を所蔵している図書館等の機関では、画像をインターネットで公開している。図書館の目録の多くでは、*Momotaro* など、個々のタイトルで探さなければ見つけられないが、下記のように「ちりめん本」としてギャラリーを設けたり、リストを公開している機関がある。

・東京女子大学比較文化研究所所蔵「ちりめん本コレクションご利用案内」

　https://www.lab.twcu.ac.jp/~icsc/collection/chirimen.html（参照 2024-12-25）に「ちりめん本所蔵一覧」の入口がある。

　（2024年11月現在267件）の一覧で、日本語タイトルもあり、検索もできる。画像は、PDFとE-bookがあり、E-bookにも印刷機能がついている。

・ちりめん本 ―放送大学附属図書館所蔵コレクション―

　204点の「ちりめん本目録」（PDFファイル）が掲載されている。https://lib.ouj.ac.jp/gallery/chirimenbon/chirimenlst.pdf （参照 2024-12-25）

　また、放送大学のリポジトリでタイトルなどから個別に検索し、画像を見ることができる。

・国際日本文化研究センター「ちりめん本データベース」

　https://shinku.nichibun.ac.jp/chirimen/ （参照 2024-12-25）

　約200点の所蔵のうち、2024年11月現在71点の画像を提供している。「作品名別」と「言語別」で検索ができる。

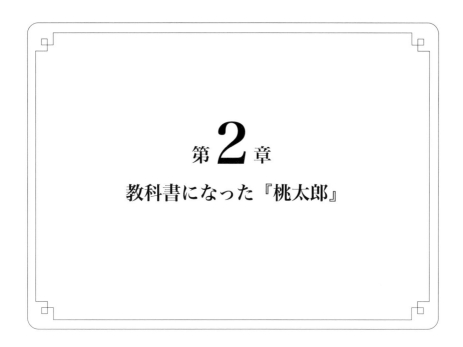

第2章
教科書になった『桃太郎』

1. ジェイムス夫人と『桃太郎』

　プロローグで述べたように、ジェイムス夫人（Mrs. T. H. James, Kate または Katherine James（1845-1928））は、英語版「日本昔噺」シリーズの14編を翻訳しているが、その他に、3冊の『桃太郎』を残している。「文部省検定済、小学校教科書」「明治20年3月15日、第49号免許証下附、弘文社、東京」と書かれた *MOMOTARO* (The Japanese fairy tales for school and home use, No. 1) と、1888（明治21）年9月出版の『英文日本昔噺独学　第一』、そして1932（昭和7）年9月出版の大判のちりめん本 *Momotaro, or Little Peaching* である。

　国立国会図書館や西宮版画店に残された資料で、それぞれの資料の確認はできたのだが、石澤小枝子[1]『ちりめん本のすべて』にも部分的な

紹介があるだけで、まとまった説明はされていない。「日本昔噺」シリーズのうち、ディビッド・タムソン（David Thompson（1835–1915））翻訳のもっとも初期の「茶表紙」と呼ばれる簡素な体裁のものは、広告などから、教科書として使うことを前提に出版されたものと考えられている。では、どのような理由で「文部省検定済、小学校教科書」をジェイムス夫人の編纂で作ることになったのか、さらに、何故、ジェイムス夫人が亡くなった後の1932（昭和7）年に大型本の *Momotaro, or Little Peaching* が出版されたのか、第2章ではこれらの本が出版された背景を考察する。

2．「教育書房」弘文社と長谷川武次郎（はせがわたけじろう）

　「日本昔噺」シリーズは、1885（明治18）年8月に版権免許を得た『舌切雀』をかわきりに、『桃太郎』『猿蟹合戦』『花咲爺』などが次々に出版された。英文は、いずれも牧師のディビット・タムソンによる翻訳で、出版所は「京橋区南左柄木町二番地」の弘文社である。これらの初版には長谷川武次郎（1853-1936）の名前はない。「京橋区南左柄木町二番地」を住所とする長谷川武次郎の名前が「日本昔噺」シリーズの奥付に現れるのは、明治19年末以降である。この「日本昔噺」シリーズの最初の売り出しの広告が、『絵入自由新聞』明治18年10月22日（859）の4面に掲載されている。

　「彩色繪入日本昔噺英吉利文、獨乙文、佛蘭西文、各一冊に付金十二錢　舌切雀猿蟹合戦花咲爺桃太郎此外續々出版　學校教科書用彩色無し特別廉價一冊ニ付金四錢」とあり、続けて「右ハ童蒙に輙（たやす）く洋語を習熟せしむる為め各其國の大家に乞ひ簡易なる文辭以て編述し日本風の彩色繪を加へたる美本なれば學校の賞興品又ハ御進物等にも亦適當の小冊なり」とある。

つまり「日本昔噺」シリーズには、英語版の他にドイツ語版、フランス語版があり、児童が容易に各国語を学ぶために簡単な文章に日本風の挿絵を加えた形式で、白黒の学校教科書用の廉価版と、挿絵に彩色を施した学校での賞品や贈物向きの彩色絵入本の２種類が売り出されたのである。この広告を読めば、「日本昔噺」シリーズが学校の教科書、あるいは語学テキストとして企画されたことはあきらかだと思われる。

この「日本昔噺」シリーズを売り出した「京橋区南左柄木町二番地」の弘文社はどのような出版社なのだろうか。同住所の弘文社という出版社を確認することができる最も古い出版物は、調査した限りでは、1879（明治12）年２月に刊行された東京府学務課編纂の『東京府地誌略　上』で、発兌所に弘文社とある。「発兌」は、現在ではあまり使われないが、出版、発行を意味する言葉である。『東京府地誌略』は、東京の地理の教科書で、『同書　下』の奥付や同年11月刊行の東京府学務課編『改姓商売往来読本』の奥付には「東京府学務課御出版書籍売捌所　弘文社」とあり、弘文社がこの頃は、東京府学務課が編集した教科書類を出版・販売していたことが分かる。

東京府学務課は、現在の東京都教育委員会のような存在といえる。したがって、学務課の編纂した教科書などを出版するためには、弘文社の社主が東京府学務部に何らかのコネクションを持っていたのだろうと考えるのは、うがちすぎだろうか。なお、1879（明治12）年８月、９月頃の出版物には、奥付に編者・出版人として「千葉県士族　関川栄信　京橋区南左柄木町二番地」とあるものがみられる。関川栄信は、他の出版社からも『東京府地誌略字引』、つまり東京府学務課出版の『東京府地誌略』の中の地名や用語の読み方と説明を小学生向けに書いた本を出版している。士族でもあり、この人物が弘文社の初期の代表者であった可能性があるだろう。

続いて同年10月に出版された森嶋修太郎の『簿記学例題』には、発

兌書肆として「京橋南柄木町二番地　弘文社」と「東京日本橋通三丁目丸屋善七」が名を連ねている。森嶋修太郎『簿記学例題』は、その前年に三菱商校の教科書として出版されて評価が高く、翌年に一般向けに販売され、教科書としても使用された。

その後、弘文社は、『西洋画手本：学校用本．初編』(明治13年)や『訓蒙動物学』(明治14年)、『訓蒙動物学字解』(明治14年)、『小學指教圖』(明治16)などの小学校向けの教科書や副読本などを出版・販売し、明治14年頃には、「教育書房」を名のるようになった。弘文社のこうした出版状況をみていくと、同社が、教科書などを中心に出版していたこと、したがって、「日本昔噺」シリーズも、洋語を教科とする私立の学校などの教科書として企画されたものだったのだろうという広告からの推測は正しいものと思われる。

なお、石澤小枝子[1]は「武次郎が最初に出版したのは、木版墨刷りの『中古名家画帳　北斎遺画之部』と『訓点梵語』の二冊で、明治17年11月、長谷川弘文社とすでに奥付にある。」としているが、これには注意が必要である。『中古名家画帳　北斎遺画之部』『仏説造像量度経 続補 梵語増補』の奥付には、京橋区南左柄木町二番地の弘文社はあるが、長谷川武次郎の名はない。また、『中古名家画帳　北斎遺画之部』の奥付には、出版所の弘文社と並んで出版人として「中川榮吉　京橋区南左柄木町二番地」とある。さらに、国立国会図書館が所蔵する1886（明治19）年3月出版のオランダ語版『舌切雀』の最終ページには「出版人　中川榮吉」と欄外に活字で印刷されている。これらを見る限り、1885（明治18）年、1886（明治19）年頃までの弘文社の代表は長谷川武次郎ではなく、中川榮吉であると考えるのが妥当だろう。

加えて、本の奥付に社名だけで出版人の名前がないような場合でも、例えば、文部省の『教育典令第3編』(1885（明治18）年) p.60に掲載されている岐阜県の教科書表では、弘文社の出版物『訓蒙化学』の出

第 2 章 教科書になった『桃太郎』　59

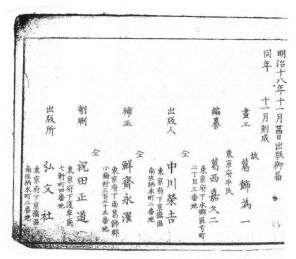

『中古名家画帳　北斎遺画之部』の奥付
（西宮家所蔵）

オランダ語版『舌切雀』の表紙と最終ページ
（国立国会図書館所蔵）

版人は中川榮吉、住所は「京橋区南左柄木町二番地」となっている。教科書表は、都道府県等が教科書として採用した図書の一覧で、出版人の氏名・住所を記入することになっていたので、正確な情報だと思われる。こうしたことから、1886（明治19）年頃までの弘文社の代表は、『訓蒙動物学字解』などの著者でもある中川榮吉だった可能性が高いと思われる。この時点までの長谷川武次郎の立場は、「日本昔噺」シリーズの出版にはかかわっていたことは確実であろう。ただし、1886（明治19）年11月以降に刊行された「日本昔噺」シリーズなどの奥付や、内務省の『出版書目』には長谷川武次郎の名前が現れるようになる。

　特に、1887（明治20）年11月9日刊行の森嶋修太郎著『簿記学例題訂正再版』の奥付には「出版人　長谷川武次郎　京橋区南左柄木町二番地」と「発兌　東京南左柄木町　弘文社」と記入されている。また、この本の末尾には、「弘文社出版書目」が掲載されている。この書目では、最初に「欧文日本昔噺　Japanese Fairy Tale Series」として、英文の部（彩色版）各編、合本、箱入り16冊、があり、最後に「英文縮緬紙　第1ヨリ12マデ12冊箱入　1円50銭」の記載がある。「縮緬紙(ちりめん)」が表記された一番古い例でもある。この記述から、おそらく、ちりめん本は1887（明治20）年前後に製作が始められたものと考えられている[2]。

　この書目をさらにみていくと、弘文社がそれまでに『小学読本』や『女児読本』などの小学生向きの図書や習字帖、地図、掛図など学校で使用する副教材の他、一般書籍の出版・販売、海外の書籍や雑誌の輸入販売、西洋の文房具類、複製絵画などの販売を手掛けていたことを読み取ることができる。

3．明治の教科書行政と弘文社

　ところで、長谷川武次郎は、後年、「木版画の輸出」[3]のなかで、「木

版畫の輸出を私が始めたのは、(中略) 日本の昔噺を木版刷りの絵本にして英文の説明を加へて出したのが始めてで、外国に知り合いがあったもんですから、直ちに輸出をしましたのですけれども、あまり大した売行きもありませんでした。其の中に不図縮紙でしたらばと思い付いてやって見ました処、これが案外評判が宜しくて盛んに歓迎されました。」と述べている。この回想では、「日本昔噺」シリーズが外国語学習の教科書または副読本として企画・出版されたことは無視され、海外への輸出品としてちりめん本を工夫したことだけが述べられている。実際、明治20年代になると長谷川は教科書の出版をやめ、外国語出版物の輸出にウェイトを移している。この変更の背景には、当時の教科書をめぐる情勢があったのではないだろうか。

　明治維新後の1871 (明治4) 年、政府は文部省を設け、翌年8月に「学制」を定めた。「学制」は、すべての国民に小学校での初等教育を受けさせるという学校制度である。この「学制」を実現するためには、多くの問題があったが、その一つが、教科書の不足だった。江戸時代の寺子屋で使われていた『庭訓往来』などでは、小学校の初等教育に対応できない。かといって、全学年、全教科分の教科書をすぐに作成することは不可能である。このため、「学制」と同年に定められた「小学教則」では、小学校が各級別に使用する教科書として、当時出版されていた入門書などの翻訳書や啓蒙書などの中から、適当と思われるものを暫定的に選んだリストが添えられていた[4]。

　1873 (明治6) 年、各地で小学校が開校すると、教科書が不足したため、文部省は教科書とできる図書を増補したり、文部省が編纂した小学校教科書については、版を払下げたり、地方官が学校用部数を印刷発行することを許可した。その後も教科書をめぐる混乱は続き、翌1874 (明治7) 年には、文部省は地方官の刷行を廃し、文部省蔵版の翻刻を一般にも許可した。この時代の教科書は、基本的に自由発行、自由採択制だった。

文部省も海外の教科書を翻訳したり、教科書を編纂したが、民間で出版される教科書が統制されることはなく、様々な出版社が多種多様な教科書を出版していた。

　1879（明治 12）年に政府は「学制」を廃止し、「第一次教育令」（「自由教育令」）を公布した。この教育令では、教育の権限は地方にゆだねられたが、わずか 1 年ほどで改正され、1880（明治 13）年には第二次教育令（「改正教育令」）が公布された。文部省は編集局を設けて修身の教科書を編纂し、これと並行して地方学務局内に取調係を設置した。この取調係では、府県から提出される教科書表にある教科書を調査して、使用禁止とする教科書リストを作成し、通達した。この時に使用禁止となった教科書の中には、福澤諭吉の『通俗国権論』『通俗民権論』などがあった。そればかりか、文部省自身が以前に刊行した『修身論』や師範学校編『小学読本』巻 4 なども小学校では使用禁止とされた。文部省が徐々に教育政策を変更し、同時に、中央主権的な性格を強めて、教科書を統制する動きが強まっていったのである。

　1885（明治 18）年に内閣制度が発足すると、初代文部大臣に森有礼が就任した。森は、翌年、学校制度の改革を行い、小学校・中学校の教科書について「文部大臣ノ検定シタルモノニ限ルベシ」と規定し、「教科書用図書検定条例」を 1886（明治 19）年 5 月 10 日に公布した[5]。小学校、師範学校、中学校の「教科用ニ充ツルニ足ルト思考スル所ノ図書ヲ有スルモノハ文部省ニ願出其検定ヲ請フトコロヲ得」とされ、適すると認められると免許証が下される。ただし、期間は 5 年とされた。検定の手数料は、小学校用教科書が 10 円、師範学校と中学校は 20 円であった。

　弘文社の広告の説明でも述べたように、弘文社の「日本昔噺」シリーズは、「彩色絵入」版に加え、「学校教科書用彩色無し」を 1885（明治 18）年 8 月頃から刊行していた。この時点では、府県が教科書として

採用し、文部省が使用禁止などにしないかぎり、一定の販売部数を見込めたのである。これまで、教育書房として教科書や教材などを出版してきた弘文社には、新しい検定制度は打撃であったことだろう。しかし、おかみには逆らえない。検定を願い出たものと思われる。実際、1887（明治20）年5月に文部省が刊行した『検定済教用図書表』第1号[6]には、『学校用及び家内用日本昔噺』第一号一冊が掲載されている。著・編・訳者の欄には「東京府下芝区芝公園内八号、英国人ケーエム・ジェイムス」とあり、「明治19年12月7日版権免許、明治19年12月出版、定価は8銭5厘、出版者は東京府下京橋区南左柄木町二番地　東京府平民長谷川武次郎」となっている。『学校用及び家内用日本昔噺』第一号、これだけでは、この本がもともと学校用教科書として出版された平紙、墨摺の「日本昔噺」シリーズの第一号なのかの判断は難しいが、おそらく検定を受けやすくするために編纂しなおしたものだろう。また、師範学校の簿記の部には、森嶋修太郎『簿記学例題　訂正再版』も掲載されている[7]。弘文社は、文部省の教科書検定を受けるために、今までの出版物を、編纂しなおしたり、訂正再版したのだろう。おそらくは、弘文社だけでなく教科書を出版していた当時の出版業者はすべて、こうした努力をしたのではないかと思われる。

　ところが、政府は、翌1887（明治20）年5月7日の文部省令第2号で、「教科書用図書検定条例」を廃止し、新たな「教科用図書検定規則」を公布した。同時に「公私立小学校用図書採定方法」[8]が規定され、地方長官が審査委員を任命して採択を決定する府県一律採択となった。朝令暮改である。東京府では、1888（明治21）年の4月に「東京府庁（学務課）で教科書を編纂出版することになったのは民業を圧迫するものである」という建白書が、東京書籍出版営業者組合から府知事へ出された。東京府は、これに対して、府庁が著作出版した小学読本の版権刻版を石塚徳次郎外3名の書肆へ払下げている。これに対して、東京書籍出版営

業者組合は6月に再度、建白書を出し、抗議している。のちにこの制度は、教科書の審査委員と教科書会社との間に贈収賄事件を引き起こし、いわゆる教科書疑獄事件が発生してしまう。こうした教科書行政の変更を背景に、弘文社と長谷川武次郎は教科書の出版をあきらめ、ちりめん本を中心とする「日本昔噺」シリーズの海外への輸出に事業の方向を転換したのではないだろうか。

4. 教科書になった『桃太郎』

　さて、話を少しもとにもどし、『検定済教科用図書表』第1号に掲載された『学校用及び家内用日本昔噺』第1号を取り上げたい。著・編・訳者にある「東京府下芝区芝公園内八号、英国人ケーエム・ジェイムス」は、本著の主人公ケイト・マーガレット・ジェイムスである。前述した「弘文社出版書目」（明治20年）には、「文部省御検定済　学校用日本昔噺　英文桃太郎　ドクトルタムソン原訳　ジェイムス夫人編纂」があり、「彩色刷金8銭5厘、墨摺金5銭」と記入してある。

　この本について、石澤小枝子は『ちりめん本のすべて』で「弘文社出版書目」（明治24年）に掲載されている文部省の教科書検定を受けた「日本昔噺」のNo. 1 *MOMOTARO* を入手したとして紹介している。中扉に「文部省検定済、小学校教科書」「明治20年3月15日、第49号免許証下附、弘文社、東京」と書かれ、The Japanese fairy tales for school and home use, No. 1 *MOMOTARO* by Mrs. T. H. James とある本である[9]。

　長谷川武次郎の「長谷川商会」を引き継いだ西宮版画店には、同本と思われる *MOMOTARO* (The Japanese fairy tales for school and home use, No. 1) がある。平紙の和装本、挿絵は彩色で、『ちりめん本のすべて』で紹介されている奥付の情報の他に「明治19年12月7

日版権免許同月出版」とある（口絵6ページ参照）。ただし、英文表題紙の出版年は1887（明治20）年となっている。石澤が出版年月日を省略しているため、厳密には同本であるとの判断はできないのだが、おそらくは同一の図書だと思われる[10]。

　タムソン訳の『桃太郎』は「明治18年8月18日版権免許」として、茶色で無地の和紙の表紙の墨摺り（白黒）の教科書版（茶表紙）が8月に、彩色版が9月に出版された。この茶表紙と彩色版は、表紙が異なるが、挿絵が墨摺りか彩色かの違いだけで、本文テキストの内容や配置は全く同じである。その後、挿絵のみ異なる彩色版の再版が、「明治19年8月26日（版権）届出」として、奥付に「鮮斎永濯[11]画」を加筆して出版されていてる。これらの出版の日付からみると、石澤の指摘する2年どころではなく、再版出版のわずか4カ月後にケイト・ジェイムス編纂の *MOMOTARO* が出版されたことになる。前述のように、1886（明治19）年5月10日に「教科書用図書検定条例」が出ていることから、長谷川は当然『桃太郎』の再版を願い出たのだろう。そして、検定を受けられなかったために、ケイト・ジェイムスに教科書として検定を通るような形式に編纂することを依頼したのだろうか。「日本昔噺」シリーズは、昔からあるおとぎ話などを外国語に訳した絵本、挿絵入りの物語である。そのままでは、文部省は教科書としては認め難かったのだろう。石澤は *MOMOTARO* は「いかにもテキストらしくpart Ⅰからpart Ⅴまでに区切って、各パートの初めにそこに出てくる単語が6個から12個並んでいる」とし、また欄外の注で「例えばto cut sticks; shibakari ni, to wash clothes; senntaku ni, tumbling; domburiko dombriko to」のように、英文の意味を日本語のローマ字で示していると説明している。検定を受けるために、教科書らしく編纂するという判断であろう。実際、『検定済教科用図書表』小學校用　明治19年5月-明治34年4月をみると、小学校の外国語の教科書として検定を受けているのは、『英

語綴字書』や『英語入門』、ペンマンシップなどで、「日本昔噺」シリーズのようなお話の本は見当たらない。

　石澤は、「「桃太郎」の話の筋や表現は「日本昔噺」のものと大きくは違わないが、ずっとやさしい文章になっており……」と述べている。ケイトの教科書版 *MOMOTARO* では、タムソンの使ったやや難しい単語をやさしい言葉と文章に置き換え、同時に文章を補って具体的な表現としている個所が多く見られる。そのため、文章の長さは3割程度長くなっている。

　例えば、"Momotaro finding that he excelled every body in strength determined to cross over to the island of the devils, take their riches, and come back"（桃太郎は力が強いことを知ると、鬼ヶ島に渡って、鬼たちの財宝を手に入れて、戻ってくることを決心しました。[12]）は、"When Momotaro found that he was stronger than any of the other young men in the place, the thought came into his mind that he would cross over to the island of the ogres, fight with them, and kill them; or, at any tare make them give up all their gold, and silver, and fine things."（拙訳：桃太郎は自分がその土地の他の若者たちよりも強いことに気づくと、鬼ヶ島に渡って鬼と戦い、鬼を殺すか、あるいは、どんなことがあっても、金や銀や高価な品々をすべて差し出させるという考えが頭に浮かびました）となっている。タムソンは鬼を the devils、ケイトは the ogres としており、「鬼と戦い、鬼を殺す；あるいは、どんなことをしても、金や銀や高価な品々をすべて差し出させる」のように、タムソンの原訳にはない、荒々しい具体的な表現をとっている。タムソンが "their riches"（財宝）と表現したのに対して、ケイトは、日本語の「金銀珊瑚綾錦」という言い方を連想させる "all their gold, and silver, and fine things" と言っているのも興味深い。

　また、犬と出会う場面は、タムソン訳では

"Then first a dog came to the side of the way and said; "Momotaro! What have you there hanging at your belt?" "He replied: "I have some of the very best Japanese millet dumplings." "Give me one and I will go with you," said the dog"(すると最初に犬が道端に出てきて、いいました。「桃太郎さん、あなたの腰帯にぶらさがっているのは何ですか」桃太郎は答えました。「とてもおいしいきび団子です」「一つ私に下さい、そしたら私もあなたにお供します」と犬はいいました。[13]）としている。

一方、ケイトの訳は以下のようになる。

　First, he met with a dog, which came to the side of the path, and said;

"Bow! wow! wow! where are you going, Momotaro?"

"I am going to the ogres' island, to carry off their treasures," said Momotaro.

"What have you there, hanging at your belt?" said the dog. "

"I have some of the very best millet dumplings in all Japan," replied Momotaro.

"Give me one, and I will go with you and serve you," said the dog.

拙訳：まず、桃太郎は道端で犬に出会いました。そして犬は言いました。
「わん！わん！わん！桃太郎、どこへ行くの？」
「鬼ヶ島へ宝物を奪いに行くんだよ」と桃太郎は言いました。
「腰帯にぶら下げているのは何ですか？」と犬は言いました。
「日本中で一番美味しいきび団子を持っているよ」と桃太郎は答えました。
「一つ下さい。お供になって一緒に行きます」と犬は言いました。

ここでもケイトは、複数のやさしい単語を使い、会話文を改行し、

分かりやすい表現にしている。"Bow! wow! wow!" など動物の鳴き声はミットフォード (Algernon Bertram Freeman-Mitford, Lord Redesdale(1837-1916)) 著『昔の日本の物語』(*Tales of Japan*)[14]の「桃太郎」にもある。おそらく、日本語の擬音に対する英語表記を教えるためだろう。また、タムソン訳では、犬は、どこに何をしに行くのかを知らないままに、きび団子につられて家来となるのだが、ケイト訳では、「どこへ行くの？」という質問とその答えに、鬼ヶ島という場所と宝物を奪うという目的を答えている。これも Mitford 訳の踏襲とも考えられる。さらに、タムソン訳では犬が単に "I will go with you"（あなたと一緒に行く）と言っているのに対して、ジェイムス訳では "I will go with you and serve you"、「あなたに仕えて」一緒に行くと言っている。犬は桃太郎の家来になったわけである。

ところで、ここまでの文章の比較で読者も気が付かれたと思うが、ケイトの文体は、特に声を出して読んだ場合には、タムソンの文体よりもずっと読みやすい。これは、ケイトの翻訳のその他のおとぎ話に共通していえることでもあり、アン・ヘリングも指摘している点でもある[15]。明治に入ると、音読が通常だった読書は黙読へと変わっていくのだが、おとぎ話を大人が子供に読み聞かせる場合や、教科書の場合は朗読されることが多い。ケイトの文体はこの点を意識しているのではないかと思われる。

また、この本を見た石澤は、「いずれにせよこうしたものを見ると、武次郎の出版の企画が、よく言われるように来日外国人のお土産を目的としたというよりは、特に初期は、日本人の英語教育を目的とするという方に比重があったと思えてくるほどである」と述べている[16]。この本の表紙や標題紙の "The Japanese fairy tales for school and home use, No. 1"、『検定済教科用図書表』の「図書名　学校用及び家内用日本昔噺」「巻冊記号　一号一冊」という記載をみると、少なくともこの

時点では、武次郎は "The Japanese fairy tales for school and home use" と銘打った教科書シリーズを連続で出版する予定だったのではないだろうかと思われる。一号が『桃太郎』、そして二号が『舌切雀』……という心づもりだったのではないだろうか。この思惑は、文部省の教科書行政の変更などの時代の状況と、同じ頃に長谷川が工夫したちりめん本が海外で評判を呼んだことにより、おそらく潰えてしまったのだろう。もしかすると、そのことを一番残念に思ったのは、教科書編纂を任されたケイト・ジェイムス本人であったのかもしれない。

5.『英文日本昔噺独学　第一』

　ところで、前述の明治20年11月出版の『簿記学例題　訂正再版』に掲載された「弘文社出版書目」では、「学校用ノ部」の最後に「学校用日本昔噺独学　桃太郎ノ部全一冊　鈴木甲次郎先生訳　実価金6銭」が掲載されている。『学校用日本昔噺独学　桃太郎ノ部』という書名の図書は国立国会図書館や大学図書館などでは見つけられず、また、版権取得や広告などの出版情報も確認できなかった。一方、国立国会図書館では、ジェイムス編、鈴木甲次郎訳『英文日本昔噺独学　第1』（長谷川武次郎　明21.9）を所蔵していて、デジタル画像がインターネットで提供されている[17]。（口絵7ページ参照）

　表紙には『英文日本昔噺独学第一』と縦書きの手書き文字で書かれている。ただし、通常は標題紙に押される帝国図書館の前身の東京図書館の蔵書印が表紙にあり、また、奥付の後ろに後表紙がないことを考え合わせると、何らかの理由で元の表紙が落ちてしまった可能性がある。1ページ目の下にある「内交・明治21・9・18」の印は、内務省に検閲のために納本されたのち、「明治21年9月18日」に文部省から東京図書館に交付されたことを示している。その後は請求記号からみて、東京

図書館とそれを引き継いだ帝国図書館では保存されるが閲覧には供されない資料として扱われ、1990年代に国立国会図書館が再整理した資料であると思われる。

　奥付には以下がある。

　　明治二十年五月廿六日版権免許
　　同二十一年八月廿五日　　　印刷　　　　　　　定価金6銭
　　同　　　年九月四日　　　出版
　　編纂者　　英国人　ジェイムス
　　翻訳者　　東京府平民　鈴木甲次郎　　東京荏原郡南品川四三六番地
　　発行者　　東京府平民　長谷川武次郎　同　京橋区丸屋町三番地
　　印刷者　　長野県平民　中尾黙次　　　同　京橋区山下町廿二番地
　　桑原活版所

　この奥付情報により、この本が「弘文社出版書目」（明治20年）が出された時点では、版権を取得しているものの、出版はされていなかったことは明らかである。内容は桃太郎で、編纂者がジェイムス、翻訳者が鈴木甲次郎、定価金6銭が一致しているので、「弘文社出版書目」（明治20年）に掲載されている『学校用日本昔噺独学　桃太郎ノ部全一冊』は、国立国会図書館が所蔵する『英文日本昔噺独学　第一』である可能性が高い。国立国会図書館の書誌情報には、23ページ、大きさは19cmとある。画像が白黒であり、また、奥付以降の画像がないため、装丁の状態は不明だが、「和装本」の注記がないので、通常の洋装本と思われる。

　著者がこの資料に気づいたのは最初にジェイムス夫人の著作を調べはじめた7年程前だったのだが、今回、改めてこの本文を *MOMOTARO* (The Japanese fairy tales for school and home use, No. 1) と比較して驚いた。二つの図書の本文は全く同じなのである。テキストの内容、

第2章　教科書になった『桃太郎』　71

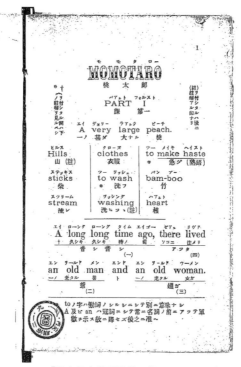

『英文日本昔噺独学　第一』1ページ
（国立国会図書館所蔵）

part Ⅰから part Ⅴまでの区切り、各パートの先頭で紹介している単語や熟語まで同じである。ただし、この本に挿絵はなく、本文の上部に単語の読みのフリガナ、下に単語の意味が日本語で書かれ、その下に日本語に訳するときの順番が記入されている。さらに、欄外に文法的事項や説明が日本語で記入されている場合もある。

（1）"A long long time ago" は、単語の意味としては「久シキ　久シキ　時ノ　前」、すなわち「昔シ昔シ」で、（4）"there lived" は「ソコニ　住メリ」＝「アッタ」、（2）"an old man" は「1ノ　老タル　男」＝「爺」、（3）"an old women" は「1ノ　老タル　女ガ」＝「媼ガ」なので、「昔シ昔シ　1ノ　老タル　男　ト　1ノ　老タル　女ガ　アッ

タ」となる。これは、ジョン万次郎が考案した「発音はカナで示され、漢文式に訳す順序に番号がふられ、個々の単語の意味がつけられ」「学習者は番号順に語の意味をつなぎ合わせていけば文全体の意味がわかるしくみ」で訳読法と呼ばれ[18]、明治の英語教育ではよくみられた。

翻訳者の鈴木甲次郎は、司法省の裁判官であったが、明治の初期のキリスト教徒の一人で、1869（明治2）年にタムソンから洗礼を受けた。[19] のちに、長谷川が出版していた『簿記学例題』の訂正6版の出版も手掛けている。『英文日本昔噺独学　第一』の奥付に記述はないが、*MOMOTARO* (The Japanese fairy tales for school and home use, No. 1) と同様に原訳がタムソンであるため、その縁で翻訳者となったと考えられる。

版権免許と出版日から、まず、*MOMOTARO* (The Japanese fairy tales for school and home use, No. 1) が出版され、教科書としての検定を受けたのちに、『英文日本昔噺独学第一』が出版されている。二つの図書のページ数は異なるが、『英文日本昔噺独学　第一』の数カ所に、*MOMOTARO* (The Japanese fairy tales for school and home use, No. 1) の対応するページ数が記入されている。この二つの資料は一組として作られた可能性も考えられる。また、「第一」とあるので、こちらもシリーズ化を考えていた可能性が考えられる。

6. 弘文社のその他の英語教材

ところで、石澤小枝子は『ちりめん本のすべて』p.229-231 に『絵入自由新聞』明治20年1月1日号の付録「英文日本昔噺、桃太郎、並に勝々山　直訳」から、米国ダビド・タムソン訳述、日本宏虎童（ひろことう）訳の「桃太郎」の全文を紹介している。ここでは、「付録」としての紹介であるが、「明治19年12月7日版権免許」とあり、最後に定価金10銭とあるの

で、独立した出版物としても販売されていたものだろう。また、タイトルの横に「上編」とあるように上編が桃太郎、下編が「勝々山」で、各10銭であったと思われる。

　全体で4ページ、本文の英文は「日本昔噺」シリーズの『桃太郎』と同一である。タイトルを囲む挿絵の他、物語の挿絵計9点があり、芳宗（新井芳宗）と山本力の落款がある。物語の挿絵は、「日本昔噺」シリーズの『桃太郎』の挿絵に酷似している。

　紙面は3段に分かれ、1ページ目は上段がタイトルページと緒言、2段目はフリガナ付の英文の「音読」と「訳読」、3段目に「意訳」を配置している。2〜3ページ目は、1段目と2段目に「音読」と「訳読」を示して、3段目が「意訳」となっている。英文の下に添えた数字と「訳読」の数字が合わせてある。

　「緒言」では「訳読とは世間英学者一般に用ふるの法」という説明があり、ここでは在来の訳読法を用いたと説明している。

　重訳兼出版人の宏虎童（1860 - 没年不明）は、愛知県出身、1884（明治17）年頃に24歳で絵入自由新聞社の社長となった。秀英舎の取締役になったが、その後、銀行をはじめ、数多くの会社経営に参加した財界人である。宏は、1884(明治17)年8月にクワケンボス（Quackenbos, George Payn, (1826-1881)）著、垣上緑訳『英国文典独案内』を出版し、絵入自由新聞から発売していた。宏は英文学者ではないが、訳読法に一定の知識を持っていたものと考えられる。

　ところが、長谷川武次郎が翌年刊行した『英文日本昔噺独学　第一』では、宏虎童の用いた訳読法とは異なり、英文の上に「音読」、下に「訳読」と意訳のための番号を付して意訳の文章を省略し、一目で英文の読みと単語の意味、文章の訳が分かるように変えていた。『絵入自由新聞』の緒言では「我社員中別に一種の訳解法を創意し之を世に広めんと図りおる者」がいるとも書いている。複数の訳読法が存在していたというこ

となのかもしれない。

　ともあれ、ここまでみてきたところでは、長谷川武次郎は、「日本昔噺」シリーズの教科書または学習教材として、学校教科書用の墨摺版（茶表紙）の他に、「英文日本昔噺、桃太郎、並に　勝々山　直訳」上編、下編、『学校用及び家内用日本昔噺』第1号、『英文日本昔噺独学　第1』を英語で出版していたことになる。石澤も書いているように「武次郎が「日本昔噺」を企画したのは、（中略）日本人の英語の勉学のためという意図がまずあったことが明らかに見て取れる」のである。

　ところで、石澤は森嶋修太郎著『簿記学例題』第4版、明治23年刊の「弘文社出版書目」の広告を参照して、「この広告によってなにより驚いた発見は、前に「茶色無地表紙テキスト版」として示したものが6冊どころではなく14冊もあったことと、無地墨刷りだけではなく彩色刷りも存在したことである。墨摺が5銭、彩色摺が8銭5厘とある。またこれらは「学校用日本昔噺」と記されているが、その肩に「文部省御検定済」とあるのにも驚いた」と書いている。詳細な内訳が記されていないが、この文章から、文部省検定済みの「茶色無地表紙テキスト版」が14冊、それぞれ墨摺と彩色摺があったと理解すべきなのだろうか。しかし、文部省の『検定済教科用図書表』小學校用　明治19年5月-明治34年4月でも、「日本昔噺」は、桃太郎1冊のみしか記入されていない。

　そのため、この明治23年刊の「弘文社出版書目」の内容を確認したかったのだが、著者が入手できたのは、『簿記学例題』再版、明治20年刊の「弘文社出版書目」で、「欧文日本昔噺」の見出しのもとに、英文（彩色摺、縮緬紙）、仏蘭西文（彩色摺）、独逸文（彩色摺）の各話が並ぶ。その後ろに、大きな活字で「文部省御検定済　学校用日本昔噺　英文桃太郎」（彩色摺8銭5厘、墨摺5銭）があり、「学校用ノ部」として、墨摺の『舌切雀』4銭、『猿蟹合戦』4銭、『花咲爺』4銭、『勝々山』4銭、『鼠嫁入』

5銭の5冊が挙げられている。『桃太郎』を入れても6冊である。次にやや大きな活字で『学校用日本昔噺独学』があるが、石澤はこれには触れていない。

一般に「茶表紙」と呼ばれる弘文社の「茶色無地表紙テキスト版」は、全部で何冊が出版されたのかは正確には分かっていない。茶表紙も平紙の彩色版もちりめん本も、同一の版木を使用しているため、当時の版権の概念では区別がなく、版権の記録から茶表紙の出版数を数えることはできない。また、一般的な図書館の目録の書誌事項では、墨摺版のみを検索することは難しい。長谷川武次郎の出版物を引き継いだ西宮版画店でも、すべてが保存されているわけではない。さらに、「弘文社書目」などの広告にあるとしても、先に述べた『学校用日本昔噺独学』のように、実際には出版されていない場合もある。様々な所蔵館の情報を整理しても、現時点では、英文の茶表紙はNo.1の『桃太郎』からNo.6の『鼠嫁入』までの6冊の他、『因幡の白兎』、『海月物語』、ドイツ語版とフランス語版の『舌切雀』など10点しかその存在を確認できなかった。今後も調査を続けたいと思う。

7. 明治の『桃太郎』

『桃太郎』の成立年代は不明だが、室町時代から江戸時代の初期までには口承として成立し、草双紙の赤本などで出版されて広まったとされる。『桃太郎』は、桃から生まれる「果生型」と、桃を食べて若返った爺と婆から桃太郎が生まれる「回春型」があり、「回春型」は江戸時代の草双紙に、「果生型」は明治以降の作品と口承の物語にみられると言われている[20]。他にも、爺が草刈りに行くか、芝刈りに行くか、あるいは宝物が隠れ蓑や打出の小槌だったりするなど、少しずつ内容の異なる『桃太郎』が伝わっている。曲亭馬琴の『燕石雑志』（1811（文化8）年）

にも『桃太郎』は『猿蟹合戦』『舌切雀』『花咲爺』などとともに取り上げられ、異本の説明が残っている。1871（明治4）年刊のミットフォードの『昔の日本の物語』（*Tales of Old Japan*）にも『桃太郎』は収録されていて、江戸時代以降、人気がある昔話だったことがうかがえる。

　明治の初期には、子供向けの赤本豆本という木版の絵本でも『桃太郎』はさかんに出版された。日本には古くから、「御伽草子」などの説話が多く伝わり、また『桃太郎』のように、江戸時代に活字化されて広まった昔話も多い。ただし、エピローグでも述べたように、明治の半ば頃までは、今日の我々が当たり前のように考えている児童文学としての「おとぎばなし」という概念も、口承や伝承の民話や昔話という民俗学的な概念もなかった。児童文学、児童文芸の萌芽は1890（明治20）年前後とされ、「お伽噺」という言葉を使い、1891（明治24）年に『こがね丸』で人気を博した巌谷小波（いわやさざなみ）が『日本昔噺』（24編）を出版したのは1894（明治27）年である。この第1篇は「桃太郎」であった。これより早い1885（明治18）年に、長谷川武次郎が『桃太郎』を「日本昔噺」シリーズの第一とした理由は分かっていない。

　ところで、福澤諭吉は、息子一太郎と捨次郎の兄弟のために1871（明治4）年に書き与えた教訓集『ひゞのをしへ』の中で、桃太郎は「ぬすびとゝもいふべき、わるものなり」と書いている。

　　「もゝたろふが、おにがしまにゆきしは、たからをとりにゆくといへり。けしからぬことならずや。たからは、おにのだいじにして、しまいおきしものにて、たからのぬしはおになり。ぬしあるたからを、わけもなく、とりにゆくとは、もゝたろふは、ぬすびとゝもいふべき、わるものなり。もしまたそのおにが、いつたいわろきものにて、よのなかのさまたげをなせしことあらば、もゝたろふのゆうきにて、これをこらしむるは、はなはだよきことなれども、たからをとりてうちにかへり、おぢいさんとおばゝさんにあげた

とは、たゞよくのためのしごとにて、ひれつせんばんなり。」[21]

　福澤は、もしも鬼が悪いことをしたのであれば、桃太郎が懲らしめるのは正しいが、鬼が持っている宝を奪う桃太郎は卑劣千万だと非難しているのである。確かに、『桃太郎』の話には、鬼の悪行は書かれていない。ただ、宝物を持っていたからといって、攻め込まれ、奪われてしまう、鬼の視点からみると、桃太郎は強奪犯である。例えば、北米の先住民の視点でコロンブスをみるのと同じ考え方をとれば、福澤のこの論は妥当であり、同時に非常に今日的であるとも言える。ただし、『ひゞのをしへ』は福澤が子供たちのために書いたもので、当然のことながら、周知はされず、福澤が生前に編集した『福澤諭吉全集』にも収録されなった。『ひゞのをしへ』が収録されたのは、1963（昭和38）年、慶應義塾編、岩波書店出版の『福澤諭吉全集』第20巻（諸文集 第2）である[22]。

　その後も『桃太郎』の人気は続いた。1888（明治21）年に4歳で来日したピゴットは、当時を振り返って「日本のお伽噺の主人公のうちで桃太郎が最も人気があり、桃太郎の冒険譚は、イギリスでシンデレラや赤頭巾の話が知られているように、日本で知られている。これらのお伽噺の多くは、アーサー・ジェイムスのお母さんが英語に翻訳して出版した」と書いている[23]。ジェイムス家では、父母が夜の外出に出かけた後、女中のスエが次女のエルスペス（Elspeth Iris Fraser James（1887-没年不明））に「いらっしゃい。私が桃太郎、Peach Boyの話をしてあげましょう。とてもステキですよ。」と呼びかける場面が書かれている[24]。この頃には、桃太郎は誰もが知る物語となっていたのだろう。

　長谷川武次郎が小学校教科書の*MOMOTARO*（The Japanese fairy tales for school and home use, No. 1）の文部省検定を取得した直後の1887（明治20年）5月、文部省編輯局が出版した『尋常小學讀本：小學校教科用書1』の第26-28課には「むかし、ぢゞと　ばゞとが有りました」とはじまる「桃太郎」が掲載された。桃から生まれた桃太

郎が、きび団子を携えて鬼ヶ島へ鬼退治に出発する。途中で、犬・猿・雉にきび団子を与えて供に連れ、鬼ヶ島に乗り込んで戦い、財宝を持ち帰るという、我々がよく知る筋立てである。

　1903（明治36）年から始まった国定教科書制度では、「桃太郎」は二期（1910（明治43）年）に掲載された。この「桃太郎」は、「オジイサンハヤマニシバカリニ……」の直後に「クルマニツンダタカラモノ、イヌガヒキダスエンヤラヤ」と続き、このころにはすでに途中を略しても分かるくらいに子供たちには広く知られていた[25]。

　実際、福澤と同様の「桃太郎悪人説」の考え方で大正時代に書かれた芥川龍之介の「桃太郎」には、「谷川の末にはお婆さんが一人、日本中の子供の知っている通り、芝刈りに行ったお爺さんの…」とはじまっている。

　国定教科書のⅡ期以降、いくつかのおとぎ話のなかでも、「桃太郎」は定番の物語となった。国定教科書は、当時の日本の植民地の拡大に伴って、台湾や韓国、満州、南洋諸島へも広がった。また、明治時代には日本から世界各地に移民が送りこまれた。この移民の社会でも、国定教科書は採用され、南米諸国やアメリカ各地にも「桃太郎」は広がっていくことになる。そして内容も、帝国主義やナショナリズムの台頭の影響を受けて変化していったのである。

8．もう一冊の『桃太郎』

　今まで見てきたように、長谷川武次郎は、1885（明治18）年に、学校用教科書として茶表紙・墨摺りの「日本昔噺」シリーズを刊行し、同時に豪華版として平紙の彩色版を刊行した。約1年後には「鮮斎永濯画」の再版が出版され、ちりめん本も加わった。さらに1887（明治20）年には訳読法による「英文日本昔噺、桃太郎、並に　勝々山　直訳」を出

版した。これらの『桃太郎』のテキストは、ディビット・タムソンによる翻訳であった。文部省による教科書の検定制度が始まると、ケイト・ジェイムスが内容を編集した *MOMOTARO* (The Japanese fairy tales for school and home use No.1) が出版されて文部省の検定を受け、さらに同じ本文に独自の訳読法を付した「英文日本昔噺独学　第一」を出版した。これらは、平紙の彩色版が確認されているが、書目によれば、白黒の墨摺版があった可能性もある。この二つのシリーズは、おそらくは弘文社の方針の転向により、第一冊目の『桃太郎』のみしか出版されなかったと考えられる。結果として、英文の『桃太郎』には、タムソン訳とジェイムス夫人訳の2種類のテキストがあるわけだが、長谷川商会は1932（昭和7）年にジェイムス夫人訳のちりめん本『桃太郎』を出版している。

　8丁（17ページ）、大きさは19.1×13.8で、通常のちりめん本（15×10）よりも一回り大きい。この本の表紙上部中央には、"JAPANESE FAIRY TALE MOMOTARO" とあり、下部に "Published by T. Hasegawa, Tokyo" とある。表紙裏の上部には "All Right Reserved"、「版権所有不許複製」とあり、再版と同様に、犬と猿が持つ四角い囲みに日本語で以下がある。

　　日本昔噺第一号
　　桃太郎
　　ジェイムス夫人訳
　　昭和七年八月十七日印刷
　　同年九月一日印刷
　　東京市下谷区上根岸町十七番地　発行兼印刷者　西宮與作
　　同市同区同町同番地　発行所　長谷川商会

　西宮與作は、長谷川武次郎の次男で、長谷川商会の後を継いでいたが、この時点では長谷川武次郎は存命で、仕事に指示を出していたという。

標題紙には、以下がある。

　　JAPANESE FAIRY TALE

　　MOMOTARO or Little Peachling

　　TOLD IN ENGLISH BY KATE JAMES

　　Published by T. HASEGAWA, 17 Kami Negishi, Tokyo

奥付と標題紙には、再版の画家鮮斎永濯（小林永濯〔こばやしえいたく〕）の名はない。表紙の絵は、再版の表紙と酷似しているが、判型が大きいためか、再版よりも全体に大きく、背景も省略されている個所がある。挿絵も再版と似たものの他に、永濯が挿絵を描いた *MOMOTARO*（The Japanese fairy tales for school and home use No.1）に掲載されたものとよく似た挿絵が混じっている。永濯は 1890（明治 23）年に亡くなっていて、他に絵師の落款などもなく、絵師は不明である。

　本文は、上記の *MOMOTARO* の本文を手直ししたものと思われる。例えば、鬼の宝物には "caps and coats that made their wearers invisible"（隠れ笠と隠れ蓑）があるなどの変更が加えられている。実は、再版の永濯の挿絵にはすでに隠れ蓑が見えるのだが、タムソンの訳文や検定教科書の *MOMOTARO* には言及はなく、この大型版のちりめん本に加えられている。

　ジェイムス夫人は 1895（明治 28）年に突然日本を離れ、1928（昭和 3）年にイギリスで死去した。そうすると、この本は一体いつ、書かれたのだろうか。いくつかの可能性が考えられるが、1895（明治 28）年のジェイムス夫人の離日時にはすでに「桃太郎」の翻訳原稿が、ジェイムス夫人から長谷川の手に渡っていたと想像することもできるだろう。

　長谷川商会（Hasegawa Publishing）の出版カタログ *Catalogue of Japanese Colour Prints, Illustrated Books etc.*（刊行年不明）には、"ENGLISH EDITION JAPANESE FAIRY TALE SERIES" という見出しのもとに、"LARGE SIZE EDITION" として、"Told in English by Mrs. T.

H. James, and printed on Crêpe Paper with Coloured Illustrations. Size 7 1/2×5 1/2 inches " とあり、以下があげられている。

1. Momotaro or Little Peachling.
2. The Tongue-Cut Sparrow (in the Press)
3. Three Reflections.
4. The Flowers of Remembrance and Forgetfulness.
5．The Wooden Bowl

　このカタログによれば、長谷川商会は、これらの大型のちりめん本を「ジェイムス夫人訳の大型ちりめん本」としてセット販売する意向であったと思われる。

　ジェイムス夫妻は1895（明治28）年にトーマスの勤務先の日本郵船ロンドン支社開設準備のために急遽帰国することになった。この帰国が予期しないものであったことは、長女グレイス（Grace Edith Marion James（1882-1965））の追憶からも読み取ることができる。一方、大型ちりめん本 *Momotaro or Little Peachling* が刊行された1932（昭和7）年には、ジェイムス夫人の長男のアーサー・ジェイムス（Ernest Arthur Henry James（1883-1944））が東京の英国大使館付きの武官として来日し、1934（昭和9）年には、長女グレイスもアーサーを訪ねて来日している。後述するが、第5章の The Wooden Bowl『鉢かづき』の大型版は、『桃太郎』刊行の2年後の1934（昭和9）年5月に、やはり、西宮與作により長谷川商会から出版されている。あくまでも憶測であるが、遺族との了解が成立して、準備していた大型ちりめん本がようやく出版されたのであろうか。また、このカタログで "in the press" となっている『舌切雀』も、ケイトの編纂によるテキストが準備されていたのだろうか。今になっては謎のまま、答えを見つけることはできそうもない。

〈注〉

1　石澤小枝子『ちりめん本のすべて』三弥井書店 2004. p.217.
2　尾崎るみ「弘文社のちりめん本『欧文日本昔噺』シリーズの形成と『西洋昔噺』シリーズの開始」『児童文化研究センター研究論文集』24 2021.03. https://doi.org/10.24510/00000493（参照 2024-10-02）
3　「木版画の輸出」『美術新報』13（3）1914.01. pp.26-30（120-124）.
4　中村紀久司二『教科書の社会史―明治維新から敗戦まで―』（岩波新書233）岩波書店 1992.
5　大蔵省印刷局[編]『官報』1886 年 05 月 10 日　日本マイクロ写真　明治 19. 国立国会図書館デジタルコレクション https://dl.ndl.go.jp/pid/2944067（参照 2024-09-18）
6　『検定済教科用図書表』第 1 号 文部省 明 20. p.10. 国立国会図書館デジタルコレクション https://dl.ndl.go.jp/pid/810092（参照 2024-09-18）　なお、『検定済教科用図書表』小學校用　明治 19 年 5 月 - 明治 34 年 4 月　文部省　明 31-35. p.230. 国立国会図書館デジタルコレクション https://dl.ndl.go.jp/pid/810093（参照 2024-09-20）には、同じ図書について「検定年月日　明治 20 年 3 月 15 日」と記されている。
7　『検定済教科用図書表』第 1 号 文部省 明 20. p.8. 国立国会図書館デジタルコレクション https://dl.ndl.go.jp/pid/810092（参照 2024-09-18）
8　国立公文書館請求番号：類 00315100-00400 簿冊名：公文類聚・第十一編・明治二十年・第二十八巻・学政門二・校舎二件名：公私立小学校教科用図書採定方法ヲ定ム
https://www.digital.archives.go.jp/item/1697175（参照 2024-09-18）
9　石澤小枝子 2004. pp.222-226.
10　筑波大学附属図書館（宮木文庫）と九州大学の春日文庫に西宮家所蔵本と同じ奥付をもつ本の所蔵があり、九州大学本は画像が公開されている。https://hdl.handle.net/2324/1563996（参照 2024-09-20）
ただし、この画像には薄紙は入っていない。
11　小林永濯（1843（天保 14）-1890（明治 23））鮮斎永濯は雅号。

12 宮尾興男編『Japanese Fairy Tales Series 対訳日本昔噺集』第 1 巻 彩流社 2009. p.15.

13 同上. pp.17-18.

14 Mitford, A.B. *Tales of Old Japan*. Gutenberg Project. https://www.gutenberg.org/ebooks/13015 (参照 2024-09-28)

15 福生市郷土資料室編『ちりめん本と草双紙：19 世紀後半の日本の絵入本 特別企画展』福生市教育委員会 1990.10. p.31. https://www.lib.fussa.tokyo.jp/digital/digital_data/literature/19.html (参照 2024-09-30)

16 石澤小枝子 2004. p.226.

17 ジェイムス編ほか『英文日本昔噺独学』第 1 長谷川武次郎 1888. 国立国会図書館デジタルコレクション https://dl.ndl.go.jp/pid/871158 (参照 2024-09-21)

18 伊藤嘉一『英語教授法のすべて』大修館 1984. p.17.

19 『先輩兄弟ら』明治篇 同信社 1976. p.8. 国立国会図書館デジタルコレクション https://dl.ndl.go.jp/pid/12266707 (参照 2024-09-22)

20 石井正巳『ビジュアル版 日本の昔話百科』河出書房新社 2016.p.21.

21 福澤諭吉 [著]『ひゞのをしへ：初編・二編』福澤旧邸保存会 [1982]. 国立国会図書館デジタルコレクション https://dl.ndl.go.jp/pid/12413515 (参照 2024-09-24)

22 慶應義塾 編『福澤諭吉全集』第 20 巻（諸文集 第 2）岩波書店 1963. pp.67-76. 国立国会図書館デジタルコレクション https://dl.ndl.go.jp/pid/3002773 (参照 2024-09-25)

23 F.S.G. ピゴット 著 ほか『断たれたきずな：日英外交六十年』時事通信社 1951.8. p.9. 国立国会図書館デジタルコレクション https://dl.ndl.go.jp/pid/1701240 (参照 2024-09-27)

24 James,Grace. *John and Mary's Aunt*. Frederick Muller Ltd. 1950. p.14.

25 石井正巳編『教科書に見る昔話』三弥井書店 2018. p.213.

【コラム】
2．オペラになったちりめん本『寺子屋』

　1900（明治33）年のパリ万博へ出品され、「書籍の部」で金牌（優秀賞）を受賞した本の中に、カール・フローレンツ（Karl Florenz (1865-1939)）が歌舞伎『菅原伝授手習鑑』の「寺子屋」の段をフランス語に翻訳し、歌舞伎の劇場などの説明を加えて、新井芳宗による挿絵を添えた美しい豪華本 *Scènes du théâtre japonais ; L'école de village (Terakoya) : drame historique en un acte*（『日本の劇場 一幕の歴史劇「寺子屋」』）があった。

　同じ年に、カール・フローレンツは、「寺子屋」の段と『生写朝顔話』の「宿屋」の段のドイツ語訳のちりめん本 *Terakoya und Asagao* を出版した。"Terakoya" は、ドイツで好評を得て、翻案劇として上演され、その後、ポーランド語、ロシア語、チェコ語、スウェーデン語に翻訳され、ヨーロッパ各国で上演された。

　また、カール・オルフ（Carl Orff (1895-1982)）による "Gisei ― Das Opfer（犠牲）" と、当時のウィーンフィルハーモニーの常任指揮者のフェリックス・ヴァインガルトナー（Felix Weingartner (1863-1942)）による "Die Dorfschule（村の学校）" の二つのオペラが作曲された。同じ頃、アメリカでは「寺子屋」は "Bushido" のタイトルでニューヨークで上演され、好評を博した。

　（参考文献：大塚奈奈絵「テラコヤ（寺子屋）–「日本」を発信した長谷川武次郎の出版」『国立国会図書館月報』(604・605) 2011.7・8. pp.4〜17. 国立国会図書館デジタルコレクション https://dl.ndl.go.jp/pid/3050795（参照 2024-12-25）

第3章
狐・猫・狸がばける国日本

1. 明治初年の日本の昔話の翻訳書

　世界のどの国にも、どの地方にも、それぞれの民族に伝わってきた神話、民話や伝説、昔話などがある。これらの用語は、学問的にはそれぞれの定義があるのだが、一般には「昔話」と呼ぶことが多い。ただし、「昔話」の伝承には大きく二つの形式がある。一つ目は口承、つまり、口伝えで祖父母が孫たちに、親が子に話して伝えられてきたような話である。そして、それらとは別に、書物に載せられて、文字により伝わった話もある。日本には、口承の昔話も多いが、平安時代の『今昔物語』や、鎌倉時代の『宇治拾遺物語』、そして室町時代の「御伽草子」と呼ばれる数百の短編など、今日の昔話に似た話の記録が数多く残されている。な

かでも「御伽草子」は、絵巻に加えて、挿絵入りの「草紙」の形式で「奈良絵本」として残されているものもある。その後、江戸時代になり、木版による出版が始まると、それまで読者であった貴族や武家、僧侶などに加えて、庶民が様々な作品を読むことができるようになった。『浦島太郎』や『鉢かづき』などの物語や説話を収録した渋川版の「御伽文庫」は 23 編の挿絵入の本で、17 世紀後半から 18 世紀にかけて刊行されたといわれている。同様に、江戸時代の中頃からは、草双紙と呼ばれる絵入の大衆向けの読み物が流行した。中でも表紙が赤く、10 頁の「赤本」と呼ばれる子供向けの単色の挿絵本では、『桃太郎昔語』や『さるかに合戦』などが出版された。江戸時代末期には豆本と呼ばれる小型の絵本も現れ、いわゆる五大昔話『桃太郎』、『猿蟹合戦』、『花咲爺』、『舌切り雀』、『かちかち山』が成立した。明治維新以後は、縦 12cm 程度の多色刷りの小型の絵本として、『花咲ぢゞい』、『舌切すゞめ』など五大昔話を中心としたお伽噺のシリーズなども出版されていた。

　一方、世界に目を転じてみると、ドイツでは、グリム兄弟による『子どもと家庭のメルヒェン集』(*Kinder- und Hausmärchen*『グリム童話集』) 初版第 1 巻 (86 編) が 1812 年に、第 2 巻 (70 編) が 1815 (文化 12) 年に刊行されている。『グリム童話集』は創作童話集ではなく、グリム兄弟が学問的に収集した伝承を体系化したもので、民族の文学を文字化する試みであった。『グリム童話集』は、のちに 160 以上の言語に翻訳され、最も多くの人々に読まれ、最も多くの挿絵が描かれた文学とされている。当時のナショナリズムの台頭を背景として、『グリム童話集』に影響された欧米では昔話の収集が盛んになり、昔話や民話の研究が新たな学問分野となっていた。ただし、残念なことに、日本人による昔話や伝説の民俗学的な研究は、『グリム童話集』から約 100 年後、柳田國男を待たなければならない。その一方で、幕末以降に来日した各国の外交官や明治政府の「お雇い外国人」たちは、日本のお伽噺や昔話を収集

し、それぞれの言葉に翻訳して世界に紹介した。

　「日本昔噺」シリーズを翻訳したジェイムス夫人（Mrs. T. H. James, Kate または Katherine James（1845-1928））は、日本語の読み書きは不得手だったが、数ヵ国語に堪能で、読書家でもあった。ジェイムス夫人は、当然ながら、こうした欧文に翻訳された日本の昔話等を収録した書籍に目を通していたのだろう。そして、「日本昔噺」シリーズの翻訳を依頼されると、すでに刊行されていた翻訳を原典として、原文に児童が理解しやすいような翻案や工夫を加えた再話を行ったと考えられている。

　弘文社の「日本昔噺」シリーズが刊行され始めた1885（明治18）年以前に出版され、ジェイムス夫人の翻訳作品の原典となった可能性のある日本の昔話やおとぎ話の主な翻訳書は、いくつか考えられるが、年代順にみると、ほぼ以下の5点であると思われる。

(1) Mitford, A. B. . *Tales of Old Japan, Illustrations, Drawn and Cut on Wood by Japanese Artists*. Macmillan, 1871.

　イギリス人のミットフォード（Algernon Bertram Freeman-Mitford, Lord Redesdale（1837-1916））は、1866（慶應2）年に外交官として来日した。本書には、『忠臣蔵』の翻案である"The Forty-Seven rônins" などの他、Fairy Tales として、"The Tongue-cut Sparrow"（舌切り雀）など計9話が収録されている。このうち、ジェイムス夫人の翻訳作品との重複は、"The Accomplished and Lucky Tea-kettle"（文福茶釜）のみである。

(2) Griffis, William Elliot. *Japanese Fairy World. Stories from the Wonder-lore of Japan*. J. H. Barhyte, 1880.

　アメリカ人のグリフィス（William Elliot Griffis（1843-1928））は、

1870(明治3)年12月に来日して福井の藩校の化学教師となり、1872(明治5)年には東京の大学南校(東京大学の前身)で教鞭を執った。1874(明治7)年に帰国後、神学校に入学して牧師となり、1926-27年に日本を再訪した。日本に関する著書が多く、1876(明治9)年に出版した *The Mikado's Empire*(日本語訳『皇国』)が名高い。*Japanese Fairy World* には、ジェイムス夫人の作品に対応する昔話が5話掲載されている。ダニエーレ・レスタは、ジェイムス夫人の *The Ogres of Oyeyama* が、本書に収録された"Raiko and the Shi-ten Doji"と同様の内容であることを指摘している。[1]

(3) Chamberlain, Basil Hall, trans. *Ko-ji-ki; or Records of Ancient Matters*. B. Meikle john. (Transactions of the Asiatic Society of Japan Supplement to vol. X) [1882]

チェンバレン(Basil Hall Chamberlain (1850-1935))の略歴とジェイムス夫妻との交友関係については、第1章で説明した。『古事記』の翻訳 *Ko-ji-ki or Records of Ancient Matters* は、1882(明治15)年に『日本アジア協会誌』の10巻の別冊として刊行され、翌年に横浜のLane Crawfordから単行書として刊行された。ジェイムス夫人の翻訳作品のうち、no.11 *The Hare of Inaba* と no.14 *The Princes Fire-Flash and Fire-Fade* は『古事記』からの再話である。

(4) Junker von Langegg, F. A. . *Japanische Thee-geschichten : Fusô châ-wa. Volks- und geschichtliche Sagen, Legenden und Märchen der Japanen*. C. Gerold's Sohn, 1884.

ヨンケル(Junker von Langegg, F. A. (1828-1901))は、1828年ウィーン生まれ。ウィーン大学で、法学、医学を学ぶ。内科学博士号、産科学修士号、眼科学修士号、外科学博士号を取得。渡英後、軍医とし

て従軍。1872-75年に来日し、京都療病院（現府立医科大学附属病院の前身）にて教鞭を執った。上記の他に *Midzuho-gusa : segenbringende Reisähren : Nationalroman und Schilderungen aus Japan.* Breitkopf und Härtel, 1880 3 vol. がある。

Fu-sô châ-wa については、奥沢康正による翻訳『外国人のみたお伽ばなし－京のお雇い医師ヨンケルの『扶桑茶話』』思文閣出版 1993 があり、『扶桑茶話』31 話の翻訳の他、ヨンケルの履歴や業績が収録されている。『扶桑茶話』には、ジェイムス夫人の作品に対応する昔話が 2 話収録されている。

(5) Brauns, David. *Japanische Märchen und Sagen*. Leipzig, W. Friedrich, 1885.

ブラウンズ（David August Brauns（1827-93））は、北ドイツのブラウンシュヴァイク公国出身。医学博士、地質学博士。1874年からハレ大学で地質学・土壌学の講師を勤め、1879年にお雇い教師として、東京大学理学部地質学教室教授に招聘される。日本の新生代における貝化石研究の先駆者で1881年離日。学術論文など多数の著作があり、アイヌ文化の論文もある。ブラウンズの妻は作家のCaroline Wilhelmine Emma Brauns（1836–1905）で、帰国後、日本のおとぎ話を出版している。

ブラウンズの *Japanische Märchen und Sagen* では、おとぎ話（22話）、寓話（6話）、神々の伝説（17話）、サーガ・英雄の伝説（20話）、歴史的な伝説（11話）、伝説（21話）、地方の伝説（69話）、計166話を収録している。ジェイムス夫人の作品に対応するものは3話である。このうち "Schippeitaro"（竹箆太郎）については、アン・ヘリングがブラウンズからの翻訳の可能性があることを指摘している[2]。

実際、ジェイムス夫人による「日本昔噺」シリーズの 1st. シリーズ

の作品と、これらの著作とを対比させてみると、ジェイムス夫人による作品のほぼ全てについて、英語あるいはドイツ語の先行する翻訳作品があることが分かる。

　なお、古事記の翻訳をはじめとして、これらの図書は日本文化研究の研究書や、日本文化を一般に紹介しようとする図書であって、子供向けの書籍ではない。「日本昔噺」シリーズは、元々教科書として企画されたため、ジェイムス夫人を含めた翻訳者たちは、再話をする際に、原文に児童が理解しやすいような翻案や工夫を加えたと考えられる。この章では、西洋からみた日本の昔話の特徴を考えると同時にジェイムス夫人が再話に際してどのような工夫や解釈を加えたかをみていきたい。

2．西洋からみた日本のおとぎ話

　これまで紹介した日本のおとぎ話集の緒言などからは、来日したお雇い外国人と呼ばれる知識人たちの、日本のおとぎ話への民俗学的興味がうかがわれて興味深い。特に、日本の文学・文化に深い知識を持つチェンバレンは、キリスト教的な世界のおとぎ話と日本のおとぎ話との違いについて、日本百科ともいえる著作 *Things Japanese*（『日本事物誌』）の中で、以下のように述べている。

> ……これらの物語をフェアリー・テールズ（妖精物語）と呼ぶのは便利ではあるが、正しい意味のフェアリー（妖精）は物語の中に出て来ない。妖精の代わりに出てくるのは、鬼（ゴブリン）であり、悪魔（デビル）である。これとともに、狐、猫、狸が悪事を働く超自然力の持ち主として登場する。このお伽話の世界は、「シンデレラ姫」や「深靴をはいた猫」などを持つヨーロッパのお伽噺の世界とはまったく異質のものであり、さらに、豪華で複雑怪

奇なアラビアン＝ナイトのすばらしい世界ともまったく別の世界である。[3]

　ジェイムス夫人の長女であり、のちに児童文学者となったグレイス・ジェイムス（Grace Edith Marion James（1882-1965））も、1933（昭和8）年の"Japanese Fairy Tales and Folklore"[4]の中で、「妖精とは何か？」はさておき、チェンバレンが、日本のおとぎ話の特徴の一つとしてあげた「狐、猫、狸が悪事を働く超自然力の持ち主として登場する」ことについては、チェンバレンの前述の説明を紹介して「狐と狸に関しては同意する」とした上で、完璧に楽しい「文福茶釜」を最初に英語に翻訳したのはミットフォードで、以後、様々なコレクションで紹介されているとしている。

　ちなみに、日本人になじみ深い「狸」は元々朝鮮半島、中国、ロシア東部などの地域に生息する動物で、明治時代のヨーロッパやアメリカには生息していなかった。狸は、1920年代以降に毛皮をとる目的でヨーロッパなどに移入されたので、1800年代の欧米人にとっては馴染みのない動物ということになる。このため、狸に対して用いられた英語の"badgers"と言う単語は「アナグマ」を意味する。したがって、ヨーロッパで翻訳された狸の話の挿絵は、我々からは少々奇妙に見えることがある。

　私たち日本人は、おとぎ話だけではなく、落語やアニメなどを通じて、狐や狸、時には猫などが「ばける」ことを、一向に不思議とは感じない。一方、チェンバレンやグレイス・ジェイムスが指摘するように、キリスト教圏の国々のおとぎ話の中では、擬人化された狐や動物が登場することはあっても、狐や狸、猫が「ばける」能力を持ち、悪事を働くようなおとぎ話、あるいは恩人に報いるようなおとぎ話は例がない。チェンバレンによれば、それが日本の昔話の特徴であるのだが、特に長谷川武次郎（1853-1936）が出版した「日本昔噺」シリーズには、鬼

や狐、猫、狸が超自然力の持ち主として登場する話が何遍も含まれている。

　石澤小枝子は「長谷川版の「日本昔噺」シリーズは、日本の昔話（神話、伝説を含む）のもっとも早い集大成と言ってもいい。……（中略）……いわゆる五大昔話に続き、「鼠の嫁入り」「浦島」「文福茶釜」など、当時あるいは近世に流布したものを選んでいる。一方、お伽草紙系の話は少ない印象を持つ。例えば「瓜子姫」「一寸法師」などは入っていない。この選択が後の小波の「日本昔噺」シリーズになんらかの影響をおよぼしているのではないかと思う[5]」としている。

　「日本昔噺」シリーズは、1885（明治18）年に出版された1～6編が最初に構想され、それ以降の話はチェンバレンによる選択ではないかという推測もあり、シリーズの構想の中心にはチェンバレンがいたと考えられている。それが事実であると仮定すれば、チェンバレンが、鬼や超自然的な能力をもつ動物の話を日本の特徴的なおとぎ話だと考えて採用する話を選んだ結果、お伽草紙系の話が少なくなったと考えることも可能だろう。そして、石澤が指摘するように、その選択が巖谷小波（いわやさざなみ）の「日本昔噺」シリーズに影響を与えたとすれば、大変興味深い。

3．「ばける国」に魅せられた小泉八雲（こいずみやくも）

　ところで、グレイスは先ほど挙げた文章に続けて、「(拙訳) 特にラフカディオ・ハーンは妖精の狐の神話に魅了され、滑稽なものから不気味なもの、哀れなものまで、狐にまつわる数々の物語を語りました。その中の一つは、間違いなく世界で最も感動的な動物物語で、親狐が人間への感謝の気持ちから、愛する唯一の子狐の命を犠牲にする物語です[6]」と述べている。

　ラフカディオ・ハーン（Lafcadio Hearn, 小泉八雲（こいずみやくも）（1850-1904））

は 1890（明治 23）年の 4 月に来日した。*Glimpses of Unfamiliar Japan*（『日本の面影』）は、1894（明治 27）年にボストンのホートン・ミフリン社（Houghton, Mifflin and company）から出版された、来日後の初めての著作である。この本の最後の第 15 章が "Kitsune" で、稲荷神社や日本人の狐信仰の説明ではじまっている。狐は人にばけるだけでなく、人に憑くこともあり、変化の力を持つものもあること、古くは 11 世紀位から狐を題材にした多くの文学があるとして、玉藻の前伝説や、江戸時代後期の十返舎一九（1765–1831）の戯作『東海道中膝栗毛』の一場面に加えて、ハーンが住んでいた出雲に伝わる多くの狐の伝説などを伝えている。グレイスの言葉通り、ハーンは来日直後から、日本の「化ける」狐に魅了されていたのである。

　ハーンの代表作となった *KAIDAN*（『怪談』）は、『日本の面影』の 10 年後、ハーンの没した 1904（明治 37）年 4 月にボストン、ニューヨークのホートン・ミフリン社から出版された。日本の古典や民間説話から作られた『耳無し芳一』や『雪女』、『青柳物語』などの怪奇な物語の短編小説集である。

　この『怪談』に先立つ 1899（明治 32）年にハーンは、長谷川武次郎の出版で「日本昔噺」シリーズの no.23 として、*The Boy Who Drew Cats*（『猫を描いた少年』）を刊行している。絵が好きで所かまわず猫の絵を描いてしまう小坊主が、寺を追い出され、妖怪（goblin）が住むという寺で一夜を明かすことになる。小坊主が衝立に猫を描いて眠ると、夜中に大きな音や叫び声がする。夜が明けてみると、牛よりも大きな妖怪の鼠が血を流して死んでいた。小坊主が襖に書いた猫たちが妖怪鼠をかみ殺したのであったという話である。

　The Goblin Spider（『化け蜘蛛』）は、「日本昔噺」2nd シリーズの no. 1 として、同様に 1899（明治 32）年に刊行された。ばけものが住み着いたという寺に、侍が潜んでいると、三味線を弾く僧が現れる。僧はば

け蜘蛛に、三味線は蜘蛛の糸に変わるが、侍はとうとうばけ蜘蛛を退治するという話である。

　The Old Woman Who Lost Her Dumpling（『団子をなくしたおばあさん』）では、転がった団子を追いかけて地下の国に行ったおばあさんは、鬼の家での仕事に飽きて、魔法のしゃもじを持って逃げ出す。追いかけてくる鬼をかわして家に帰りついたおばあさんは幸せに暮らすという話で、「日本昔噺」シリーズの no. 24 として、1902（明治 35）年に出版された。

　「日本昔噺」シリーズの no. 25 として 1903（明治 36）年に出版された *Chin Chin Kobakama*（『ちんちん小袴』）は怪談ではなく、畳を汚す子供をおどかし、畳をきれいにしている「畳の妖精」が、かわいいけれどだらしのない若妻や女の子を戒める話である。

　ハーンは 1904（明治 37）年に亡くなり、長谷川はその 18 年後の 1922（大正 11）年に *The Fountain of Youth*（『若返りの泉』）を上記の 4 冊とともにやや大型の版で出版し、5 冊をセットとしてケース入りで販売した。『若返りの泉』では、ある日、山奥に住む年老いた樵(きこり)が泉を見つけ、水を飲むと若返る。帰宅した樵は、驚く妻に泉のありかを教え、泉に出かけた妻を待つが、いつまでたっても帰宅しない。心配になった樵が泉に行くと、おばあさんの着物を着た赤ん坊が泣いていた。妻は水を飲みすぎ、赤ん坊になってしまったのだった。

　長谷川から出版されたハーンの 5 冊は、出版年だけを見ると『怪談』の出版の直前ということになるが、ハーンとチェンバレン、長谷川武次郎の書簡を分析した松村恒(まつむらひさし)はハーンが、実際に 5 冊を執筆した時期は、実際はもっと早かったことを指摘している[7]。まず、チェンバレン宛の 1894（明治 27）年 6 月 4 日付の書簡は、ハーンは長谷川とは別個の独自の自分の夢のプランの中で、「（新）日本昔噺」として、「若返りの泉、化け物寺、猫の描き手、待ち石、肝試し、位牌(いはい)の話、伊勢のお札、おばあさんと鬼、地蔵とずるい宿屋の亭主など」を挙げているとしている。

また、「長谷川のシリーズをそれなりに評価はしていたのである」ともしている。ハーンは、1894（明治27）年7月16日には長谷川を訪れて物語2編を渡し、長谷川は〈第一の物語〉（詳細は不明）に対して20円の小切手を渡している。1898（明治31）年7月9日付の書簡では『ちんちん小袴』の校正刷りについての長谷川の督促に対する返事が書かれたが、何らかの理由でこの出版は1903（明治36）年、5年後となった。つまり、長谷川が出版したハーンの怪奇な物語は、出版よりもかなり早い時期に原稿が完成していたのである。松村恒は原稿完成から出版までに長い年月がかかっていることを指摘して、「このシリーズではそれが一般的であったのかどうか、他の著者の場合を調査する必要がある」と指摘している。『若返りの泉』についても、原稿を生前にいくつか渡してあったようであり、出版されなかった原稿が「死後に出版されたと考

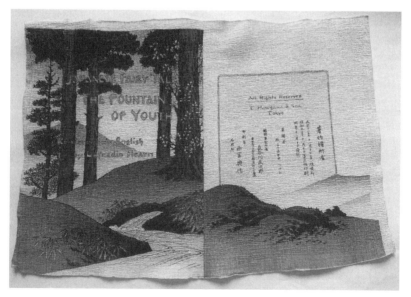

『若返りの泉』（未製本の表紙・見返し）
（西宮家所蔵）

えてよさそうである」と述べている。

　石井花は、同様にハーンと長谷川武次郎のやり取りを細かく分析し、「「若返りの泉」の物語は日本の物語なのかという長谷川からの追及をうけたのではないだろうか[8]」と類推している。なお、石井は、新しい「日本お伽話シリーズ」を作りたいという思いを抱いていたハーンが、1894（明治27）年7月16日に上京して二つの物語を提供して「長谷川が更なる物語を切望していると受け取った。しかし、長谷川は八雲の名声を利用して欧米の読者に長谷川弘文社やその出版物をアピールすることに関心を持っていたのであって（中略）頼みもしない物語に高い対価を支払わなければならなくなってしまった、というようなすれ違いがここで起こったと推察できる」と述べている。

　なお、長谷川はハーンの物語を平紙本とちりめん本の二種類で出版したが、ハーンが平紙本の方を好んでいたことは松村恒に加え、石井花、染村絢子も指摘している[9]。ハーンによれば、平紙本の方が文字が読みやすく、ちりめん本は「絵も微妙な点が損なわれる」と指摘している。一方で、『化蜘蛛』の絵師を「予想をはるかに凌いで」有能と褒めている。長谷川の木版挿絵本は、ハーンの異世界をみごとに表していたのである。

　長谷川と息子の西宮與作（にしのみやよさく）はこの後、「ハーンの5冊本」のドイツ語訳とフランス語訳の出版を計画していた。西宮版画店には、『猫を描いた少年』『化け蜘蛛』『団子をなくしたおばあさん』『ちんちん小袴』のレオポルデイネ・クナウエルによるドイツ語訳の一覧や、『猫を描いた少年』『化け蜘蛛』『団子をなくしたおばあさん』『ちんちん小袴』『若返りの泉』のフランス語訳の草稿が残されている。

4.『野干（きつね）の手柄』の子狐の仇討

　さて、話をもとに戻し、「狐、猫、狸が悪事を働く超自然力の持ち主

として登場する」おとぎ話の一つとして *The Cub's Triumph*（『野干の手柄』）を取り上げ、原典と考えられる作品と比較することにより、ジェイムス夫人の翻案の特徴を探ってみよう。

『野干の手柄』は、長谷川武次郎の弘文社から「日本昔噺」シリーズの no.12 として、1887（明治 20）年に出版された。13 丁、挿絵は、小林永濯によるもので、ちりめん紙を使用した 15.2×10.4 のちりめん本と、やや大型の平紙本がある。平紙本の表紙裏の奥付ページは、大名がのる駕籠の扉を開けると子狐が覗く、いわゆる「仕掛け本」となっている。16 版（昭和 12 年 3 月）までを確認できる（口絵 8 ページ参照）。

『野干の手柄』の筋立ては、母狐が狸の計略で殺される前半と狸とのばけくらべによる子狐の仇討ちからなっている。

前半：森の動物仲間を猟師に殺され、生き残った狐の親子と狸は食べる物もなくなった。狸の提案で、狐が樵にばけ、死んだふりをした狸を町に売りに行き、その金で食べ物を買う。次に狸が樵にばけ、狐を売りに行くが、狸の計略によって母狐は人間に殺され、狸はその代金で買った食べ物を独り占めにしてしまう。

後半：母狐を殺され、悲しんだ子狐は、狸にばけくらべを持ちかける。子狐が大名行列にばけたと思い込んだ狸は、大名行列に走り込み、侍に斬り殺されてしまう。

なお、グレイス・ジェイムスは、後にその著作 "The Little Cub"[10]（「小さな狐」）の中で、狐や狸がばけることについて、ジェイムス夫人をモデルにしたという祖母と孫の間で取り交わされる以下のような問答を描いている。

拙訳：「人間にばけることができるの？」とマリーは訊ねた。「狐や狸は、本当にばけられるの？」おばあちゃんはためらいました。「今では狐も狸もそんなことはしないと思いますよ。少なくともこの国ではね。」

「小さな狐」の中で祖母が孫たちに語る日本のおとぎ話は、ジェイムス夫人による「日本昔噺」シリーズno.12『野干の手柄』をグレイスが翻案したものである。「狐や狸が人間に本当にばけるの？」という少女の質問は、日本の昔話を聞いた時の西欧の子供たちの素直な反応だと考えられる。

一方、ジェイムス夫人が「狐や狸がばけること」について実際のところ、どのように考えていたのかを示すおもしろいエピソードが残されている。ジェイムス一家が日光に避暑に出かけた時の話である[11]。

日光の家の台所のドアはいつも空け放してあり、時々、外国人の暮らしぶりを見ようと、好奇心からふらりと立ち寄る人たちもいた。ある夜、ジェイムス家の召使たちは、お茶を飲み、休憩をしていて、メイドの菊は三味線を弾いていた。その時、道路から男がいきなり入ってきて、何も言わずに戸棚に行き、掛けてあった召使たちのよそ行きの着物を静かに集めて腕にかけ、そのまま歩み去ったという。翌朝、コックはよく日本人が心配している時にするように、笑いながらジェイムス夫人にそのことを話した。

ジェイムス夫人は叫んだ。「何ということでしょう。なぜ、止めなかったのですか。菊のきれいな絹の青い菖蒲の模様の着物！今からでも遅くありません。すぐに警察に行きなさい。すぐにですよ」だが、コックは笑いながらそこに立ったまま動かなかった。

「人間じゃありません。狐だったんです。できることはありません。」それを聞いたジェイムス夫人は「狐！今まで、そんなに荒唐無稽な話を聞いたことはありません。馬鹿を言うのはおよしなさい。警察に行きなさい」と命じたが、コックは行かなかったというのである。

日本人は狐の仕返しを恐れていたから、というのがグレイスの説明で、自分もその時は、今のように奇妙だとは思わなかったと結んでいる。コックが恐れていたのは本当に狐だったのか、あるいは、東京からかなり離

第3章　狐・猫・狸がばける国日本　　99

『野干の手柄』の表紙と本文より（十一丁裏・十二丁表）
（著者所蔵）

れた地方で、当時はまだ珍しかった外国人の一家に向けられた反感や侮蔑であったのかは分からないが、ジェイムス夫人にとって、狐が人間にばけて悪さをすることがナンセンスであったことは確実だろう。

5. 日本の民話や伝承にみる「ばけくらべ」

　ところで、『野干の手柄』を、石澤小枝子は、「これはよくある狐と狸の化かし合いの話であるが、ジェイムス夫人はやや深刻な仇討ち話にしている。[12]」と述べ、ヘリングも同様に以下のように述べている。

> 「きつねのてがら」という題目に見覚えがなくても、「ばけくらべ」と言ったら、戦後の絵本の古典に明るい人なら、狐と狸の競争を描いた松谷みよ子氏の代表的な作品を思い起こすはずである。(中略)福音館版の『ばけくらべ』には多少の滑稽味があるのに対して、ジェイムス夫人と小林永濯が担当した『野干の手柄』の方は、真剣そのものの仇討ちの形で、物語が展開していく。」[13]

　児童文学の専門家である石澤やヘリングが『野干の手柄』と比較している大名行列が登場する「ばけくらべ」には、日本各地に伝わる民話があり、松谷みよ子をはじめ、多くの作家が採話し、作品として刊行している。例えば、松谷みよ子の「ばけくらべ」では、ごんべえ狸と、へらこい狐が競い合い、大名行列のお侍にさんざんめにあわされたへらこい狐は「ぐえんこ、ぐえんこ泣きながら」山へ逃げ帰る。つまり、狐と狸の化かし合いといっても、『野干の手柄』とは異なり、ひどい目にあうのは狐である。その他、子供向けの絵本や地方の伝説でも狐がひどい目にあうものが多く、例えば、高知の柴右衛門狸と狐の化け比べでは、狐が「家来に無礼打ちにされた為、四国には狐がいない。」とされている。
　また、狸がひどい目にあうものには、泉南市樽井「黒衛門」狸の話な

どがあるが、狸が勝つ話にくらべてやや数は少なく、また、狐と狐のばけくらべ、狸と狸のばけ比べの話もある。ただし、『野干の手柄』の前半、母狐が狸の計略で殺される話や、ばけくらべ＝仇討ちという筋立ては、現代の児童書や民話の中には、調べた限りでは見当たらなかった。

　一方、先に挙げたグリフィス、ヨンケル、ブラウンズの民話にある狐と狸の話は、どれも『野干の手柄』と似た筋立てである。

・グリフィス訳 "The fox and the badger" のあらすじ
　前半：四国の山岳地帯では、腕のよい猟師が罠で狐や狸を狩ったため、１匹の年寄りの灰色狸と、母狐と子狐が生き残っているだけであった。３匹は罠が怖いので、食べ物を取ることもできずに飢えていたため、狸の提案で人間にばけた狐が死んだふりをした狸を里に売りに行くことにした。狐は豆腐と鶏肉をたくさん買って帰り、狸は逃げ出した。翌週は狸が人間にばけ、狐を売りに出かけたが、貪欲な狸は人間に狐を殺させ、ご馳走を独り占めにした。
後半：子狐は、復讐を決意し、狸にばけくらべを持ちかけた。子狐が大名行列に化けたと思い込んだ狸は大名行列に走り込み、侍たちに殴り殺された。

・ヨンケルの『扶桑茶話』「29話　狐と狸」
　前半、後半とも『野干の手柄』とあらすじは同一。場所も四国。狸は最後に手打ちにあう。グリフィス訳に比べると、全体に描写が細かい。ただし、母狐の子狐に対する心遣いなどの描写はない。むしろ、子狐の立場で、母狐の言いつけについて、逸話を交えた心情が述べられている。

・ブラウンズ "Der Bestrafte Verrath des Tanuki"（「狸の罰せられた裏切り」）

前半、後半とも『野干の手柄』とあらすじは同一だが、ヨンケルよりもやや単純な描写となっている。狸は最後に殴り殺され、母狐の子狐に対する気持ちなどの描写はない。

これらを勘案すると、子狐による「真剣そのものの仇討ち」は、ジェイムス夫人による創作ではなく、むしろ、先行の翻訳作品の内容をそのまま採用したものと考えられる。三つの作品の中で、出版年が最も古く、内容的に最も類似点が多いのが、グリフィス訳 "The fox and the badger" である。この二つの作品の翻訳の対比を調べ、その共通点と相違点を表2にまとめた。

二つの作品は、あらすじは同一で、注やローマ字表記も似通っているが、ジェイムス夫人の翻案では、"Be very good and quiet, and I will …" や "Fair play's a jewel." などの子狐に対する母狐の言い聞かせ（しつけ）と "to see if little cub was all right" などの心配などが加筆され、母と子の繋がりがより強調されている。この翻案によって、後半の狸に対する子狐の仇討ちが、子供たちにも納得できる内容になっている。

『野干の手柄』の内容は、母狐が狸の計略で殺される前半とばけくらべを利用した子狐の仇討ちの後半に分けることができるが、現在の日本の民話や伝承ではこの物語の後半のみが「ばけばなし」として伝わっている。また、負けた方が殺されるような残酷な結末は、民話や絵本などではみられない。ただし、ジェイムス夫人訳に先行する、英訳・ドイツ語訳の子狐の仇討ちの話では、前半・後半とも類似した筋立てを3編を確認することができた。1880年代前半までの三つの翻訳作品と比較すると、ジェイムス夫人の翻訳では、母狐と子狐の繋がりや、「正しい行いをすることが大切なのですよ」という母狐の言い聞かせを強調する

表2　『野干の手柄』と"The fox and the badger"の共通点と相違点

	『野干の手柄』	"The fox and the badger"
場所	森	四国の山岳地帯
登場人物？	狸、母狐、子狐	狸、母狐、子狐
死ぬふりをして食料を入手(1回目)	狸が提案。最初は狸が死ぬふり、狐が人間に化ける	狸が提案。最初は狸が死ぬふり、狐が人間に化ける
	母狐は子狐への言い聞かせる	
買った食料	豆腐と鶏(「豆腐」に注)	魚、豆腐、野菜 (「豆腐」に注)
	母狐は子狐を心配したり、たしなめる	
死ぬふりをして食料を入手(2回目)	狐が死んだふりをするが、狸が裏切り、狐は人間に殺される	狐が死んだふりをするが、狸が裏切り、狐は人間に殺される
母を亡くした子狐への配慮	なし	なし
場所	along the bridge, leading into the town	the Big Bridge leading to the city
大名行列	daimio, seated in a norimono,	daimio riding in a palanquim
狸の最期	侍に首を切られる	大名の家来に殴り殺される

ことによって、狐や狸が人間にばけるという特異性や物語の後半の子狐の仇討ちが、西欧の読者にも受け入れやすい作品へと変化していると考えられる。

6. 超能力を持つ狸の物語『文福茶釜(ぶんぶくちゃがま)』

　狸が茶釜に化けたという The Wonderful Tea-Kettle（『文福茶釜(ぶんぶくちゃがま)』）は、長谷川武次郎出版の「日本昔噺」シリーズの no.16 として、1896（明治29）年に『鉢かづき』と差し替え出版された。15丁で、挿絵は新井芳宗による。15.2×10.3 のちりめん本は 15 版（1917 年）までを確認できる。「日本昔噺」シリーズの最初の 6 冊の刊行から約 10 年後に出版されたのだが、順調に版を重ねていることから、人気があったものと思われる。英語版の他に、フランス語版、スペイン語版、ロシア語版がある（口絵 8 ページ参照）。

　現在の群馬県舘林市にある茂林寺(もりんじ)に伝えられる分福茶釜は、住職に仕えた老僧の守鶴が実は貉(むじな)で、守鶴が愛用していた茶釜はいくら湯を汲んでも尽きることがなく、この茶釜には八つの功徳があるため、福を分け与える「分福茶釜」と名付けられたという由来がある。これに似た伝承は群馬県下の他の寺院にもあり、また、昔話としても全国に数多く残されている。1700 年代には様々な文芸作品に取り入れられ、筋が次々に変化し、また初期の話では、狐がばけた話であったが、のちに貉や狸が茶釜に化けたという黄表紙や赤本『文福茶釜』などが江戸時代に出版されている[14]。

　『文福茶釜』を最初に翻訳したのはミットフォードで、タイトルを "The Accomplished and Lucky Tea-kettle" として、簡単な筋立ての文章に軽妙な挿絵を添えて掲載した。次いでグリフィスが "The Wonderful Tea-Kettle" のタイトルで翻訳した話は、ミットフォードの話よりも詳

『文福茶釜』の本文より（十一丁裏・十二丁表）
（著者所蔵）

細な描写となっている。どちらも原話は不明であるが、暴れまわる茶釜の始末に困った茂林寺の住職は、茶釜を鋳掛屋(the tinker)に売る。茶釜は実は狸(badger)が化けていて、鋳掛屋はこれを見世物にして成功して金持ちになり、茶釜を寺に納めたという筋立ては共通している。

　これ以前に刊行された『羅生門』や『大江山』がグリフィスの翻訳の再話であるとのが指摘されていること、英語タイトルの一致などから、ジェイムス夫人の『文福茶釜』もおそらくはグリフィスの翻訳を再話したものと考えられる。

　ただし、ジェイムス夫人の『文福茶釜』とミットフォード版、グリフィス版では、相違点もいくつか見られる。ミットフォードとグリフィスの

訳では、茂林寺にあった茶釜が動き出す場面から始まるのであるが、ジェイムス夫人の『文福茶釜』では、茶の湯が好きな和尚が古道具屋でとても美しい茶釜を買い、それに見とれるという場面から始まっている。

手足が生えた茶釜と和尚、弟子たちとのやりとりも、よりコミカルに描かれている。グリフィスの和尚は手足の生えた茶釜を見て、"Yohodo medzurashi,"（「よほどめずらし」）と日本語で叫ぶが、ジェイムス夫人版では、和尚が "I have heard of the rolling-pin that grew a pair of wings and flew away, but…"（「麺棒に羽が生えて飛んで行ったということを聞いたことがあるが、…」と言う。宮尾興男は、「「擂り粉木に羽が生えて飛ぶ」という諺があり、「ありえない不思議なことが起こる」の喩としてある」とこと、『文福茶釜』の裏表紙には擂り鉢と羽が生えて飛ぶ擂り粉木の絵が描かれていることを説明して、「rolling-pin」（麺棒）という翻訳が誤りであることを指摘している[15]。同様に茶釜を買うのは鋳掛屋（the tinker）とあるが、鋳掛屋は品物を直すが品物を買うことはなく、買うのは屑屋であること、挿絵には屑籠が描かれていて屑屋となっていることを指摘している。

ミットフォードとグリフィスの訳では、茶釜にばけた狸と鋳掛屋の間に会話はなく、鋳掛屋が友人や妻に相談して見世物にすることを決めるが、ジェイムス夫人訳では、茶釜は驚く鋳掛屋に、自分はばけもの（goblin）ではなく、福をもたらす「文福茶釜」だと名乗った上で、嫌いなものと好きなものを説明し、あなたのために働きますと、自分から見世物になることを提案している。新井芳宗の挿絵は、腕を組み、身を乗り出して茶釜の話を聞く鋳掛屋と、キセルで煙草を吸う茶釜を描いていて、友好的な雰囲気を醸している。

『文福茶釜』には、『野干の手柄』と同様にばける能力をもつ狸が登場するのだが、狸は多少人を驚かすものの、人と敵対することも、傷つけることもなく、最後は鋳掛屋が富を得るという結末で話は終わっている。

動物が道具にばけるという話はめずらしく、昔話によくあるような道徳的教訓もないが、誰にでも受け入れられやすい話として採用されたのであろう。

7. ばけ猫を退治する『竹箆太郎(しっぺいたろう)』

　踊る猫達が印象的な表紙の Schippeitaro（『竹箆太郎(しっぺいたろう)』）は、「日本昔噺」シリーズの no.17 として、1888（明治 21）年に出版された。表紙を含む 13 丁で、序文 1 ページが含まれている。挿絵は初期に印刷されたものは「画工鈴木宗三郎」とあるが、この人物の特定ができず、また、後刷りの物には画工の名はなく、研究者には謎とされている。ちりめん本の他にやや大型の平紙本がある。また、フランス語版、スペイン語版も刊行されている（口絵 9 ページ参照）。

　竹箆太郎の物語は、冒険の旅に出た若い武者が道に迷い、荒れ果てた寺で眠る場面から始まる。夜中に恐ろしい音で目が覚め、壁の穴からのぞくと、恐ろしい猫の群れが踊り狂い「竹箆太郎に言ってはいけない」という言葉が聞こえてくる。翌日、村に向かった若武者は、山の神が食い殺すために、美しい乙女を生贄(いけにえ)として要求していることを聞き、助ける決心をする。昨夜のことを思い出し、「竹箆太郎」のことを聞くと、大将の犬だと教えられたので、犬の主人に頼んで竹箆太郎を一晩借り受ける。竹箆太郎を乙女の代わりに長びつに入れて廃寺に運び込み、見張っていると、真っ黒で大きな雄猫とばけ猫たちが現れて、長びつの周りを踊り狂う。やがて雄猫が長びつのふたを開けると、竹箆太郎が飛び出して雄猫を抑え込み、若武者が切り殺した。若武者は、竹箆太郎を主人に返し、村人にばけものから解放されたことを告げて、新しい冒険へと旅立つ。

　なお、ちりめん本の『竹箆太郎』の冒頭には、「日本昔噺」シリーズ

の他の作品にはみられない1ページの序文（Preface）がついており、この中では『竹箆太郎』には数種類の異なったバージョンがあると述べている。さらに挿絵に使ったお札は、三峯、御岳山の大口真神（みつみね　みたけさん　おおぐちまかみ）の魔除け、盗難除けの護符で犬の絵であり、日本の家屋の門の上などに貼られていることを説明している。

　生贄の娘を食い殺す化物（猫の他、蜘蛛や狸、猿など）を、竹箆太郎という名の犬を使って退治する話は、現代では知る人はあまり多くないが、類話は説話や昔話、民話として、非常に多く伝えられ、昔話・伝説研究では「猿神退治」と分類されている[16]。高島一美（たかはしひとみ）は、『今昔物語』、『宇治拾遺物語』の他、中世の寺社縁起（じしゃえんぎ）、全国に伝わる昔話を紹介し、江戸時代の黄表紙・読み本・歌舞伎などに見られる類話とも比較した上で、アン・ヘリングが示唆したブラウンズの"Schippeitaro"と比較して共通点を分析し、ジェイムス夫人がブラウンズの"Schippeitaro"を典拠とした可能性が高いことを指摘している[17]。アン・ヘリングはさらに「彼女（ジェイムス夫人）の快適な訳文の中でも、この『竹箆太郎』は特にまとまりが良くて、二十数年後の英語圏で発行された民話集にもそのまま掲載されるほどであった」[18]と述べている。英語話者のアン・ヘリングのこの賛辞は、ブラウンズの"Schippeitaro"を典拠としながら、ジェイムス夫人の『竹箆太郎』が上質な物語となっていることを示している。ジェイムス夫人の『竹箆太郎』の化け物は雄の黒猫で、『野干の手柄』、『文福茶釜』と合わせると、チェンバレンの指摘する「狐、猫、狸が悪事を働く超自然力の持ち主として登場する」という日本のおとぎ話の特徴と合致していて興味深い。

　なお、高島一美は、チェンバレンの『日本事物誌』の猫の項を紹介し、これに関連して、情報提供を求めたハーンの返信が、猫がおばけや猫又になることなどであったことを述べている。さらに「猫という、ひとつの事柄をとっても、チェンバレンは言葉と風俗、ハーンは猫又といった

不思議な存在と、多様な興味関心でもって日本という国を見ていたことがわかる」として、「この姿勢は、明治時代の日本研究家たちの姿勢でもあり、ひいては、ちりめん本「日本昔噺」シリーズが単なる御伽噺の子供向けの本というだけではないことへ繋がる。ちりめん本「日本昔噺」シリーズは、ヨーロッパ側から日本へ対して向けられた深い興味関心のもとに刊行された、日本からヨーロッパへの日本発信の本であるということになろう」と述べているのは、秀逸な指摘であると思われる。

8. ばけものと戦う『羅生門』、『大江山』

　ジェイムス夫人翻訳の *The Ogre's Arm*（『羅生門』）は、長谷川武次郎出版の「日本昔噺」シリーズの no.18 として、1889（明治 22）年に、*The Ogres of OYEYAMA*『大江山』は同シリーズの no.19 として 1891（明治 24）年に出版された。挿絵は、『羅生門』が小林永濯、『大江山』の絵師は不明である（口絵 9 ページ参照）。『羅生門』には、ちりめん本と平紙本があり、平紙本は、折り込まれたページをめくると渡辺綱の頭をつかもうとする鬼が現れる仕掛け本となっている。このため、ちりめん本と仕掛け平紙本では、丁数（ページ数）が異なっている。『大江山』も、ちりめん本の他にやや大型の平紙本がある。

　『羅生門』では、源頼光の四天王の一人、渡辺綱が羅生門で鬼に遭遇し、片腕を切り落として持ち帰るが、渡辺綱の伯母にばけた鬼は、腕を取り返して大江山に逃げていく。『大江山』では、帝から鬼退治を命ぜられた源頼光が、渡辺綱をはじめとする四天王とともに大江山に赴き、酒呑童子を倒して都に凱旋する。中世の御伽草子や説話、謡曲などで広く知られた酒呑童子退治の物語である。

　この 2 冊は、アン・ヘリングが「『羅生門』とその第二部にあたる『大江山』、あるいは「「頼光物語の」上下二冊[19]」と呼び、石澤小枝子も「「羅

生門」と次の「大江山」を一つの話の上下というつもりで書いたのではないか[20]」と述べているように、内容的には続いている一方で、両者とも、この2冊の刊行が1年以上空いていることをいぶかしんでいる。はっきりとした理由は分からないが、両者が指摘しているように、1890（明治23）年には画家の小林永濯が死去していることが背景にあったのかもしれない。

高島は、ちりめん本『羅生門』を取り上げ、源頼光の一連の説話を紹介し、お伽草紙『羅生門』で鬼が羅生門に出没するのは、源頼光たちの大江山の酒呑童子征伐の後で、大江山の残党の鬼神がかたき討ちのために羅生門で頼光を待ち伏せることを説明している。つまり、ちりめん本『羅生門』と『大江山』では時系列が入れ替わっているのであり、ジェイムス夫人が「再編を行い、翻訳したと考えられる」と述べている[21]。また、御伽草子の『羅生門』で、武士である綱が母御前への「恩徳、恩相の道という道徳観念によって動かされる」のに対して、ちりめん本のTsunaはsoft-hearted（心やさしい）という性格をもつことを指摘している。「アーサー王伝説に代表される、ヨーロッパの騎士物語をふまえた英訳を行い、Tsunaを勇気と優しさを兼ね備えた「knight」、騎士として造形したと考えられる」としている。

一方、『大江山』については、前述したようにダニエーレ・レスタがグリフィス訳"Raiko and the Shi-Ten Doji"とジェイムス夫人の『大江山』の本文を比較した上で、ちりめん本『大江山』がグリフィス訳をもとに翻訳を行っていると指摘している。

グリフィスの*Japanese Fairy World. Stories from the Wonder-lore of Japan*には"Raiko and the Shi-Ten Doji"以外にも渡辺綱や源頼光らの物語がいくつか収載されており、その一つに"Watanabe cuts off the Oni's arm"がある。ストーリーの展開にはジェイムス夫人の『羅生門』との相違点も見られるが、言葉や物語の全体の流れには類似点が多くみられ

る。特に、Tsuna を訪ねるのが母御前ではなく、"old aunt"（年老いた伯母）であること、Tsuna を "soft-hearted"（心優しい）と形容していること、物語の最後に、源頼光らが "the mountains of Oyé in the province of Tango"（丹後の国の大江山）に住む鬼を滅ぼそうと話し合う展開が一致している。高島が指摘した「頼光説話の騎士道物語化」と時系列の入れ替わりは、ジェイムス夫人・グレイスの着想ではなく、おそらくはグリフィスの翻訳の特徴をそのまま踏襲した結果だろう。

なお、グリフィスは、「鬼」を "oni or imps" と説明しているが、ジェイムス夫人は "ogre" と訳している。*Oxford Advanced Leader's Dictionary 8th edition* によれば、"imp" は "(in stories) a small creature like a little man, that has magic powers and behaves badly" とあり、日本語の「小鬼」に近いものと考えられる。一方、"ogre" は、"(in stories) a cruel and frightening giant who eats people" で、人喰い鬼を指している。『羅生門』に出没する人殺しの鬼に対する訳語の選択としては、ジェイムス夫人が選んだ "ogre" の方が適切だと思われる。

ところで、石澤は頼光の四天王のうち坂田金時、「金太郎」が「日本昔噺」に入っていないと述べ、アン・ヘリングも「江戸中期以前から児童絵本のテーマとして定評のある「牛若丸」と「金太郎」など」がないのはなぜだろうかと問うている。一方、ジェイムス夫人が参照したと思われるグリフィスの *Japanese Fairy World* には、"Kintaro, or the wild baby" も収められていてる。「金太郎」は意図的に「日本昔噺」シリーズに採用されなかったのであろう。前述した高島の指摘のように、少なくともチェンバレンが関わった「日本昔噺」シリーズの後半部分は、単なる日本の児童絵本シリーズとして企画されたものではなく、ヨーロッパからみた日本に対する興味という視点から選んだ物語を翻訳し、日本についての情報として発信したのだと思われる。

〈参考文献〉

アン・ヘリング「国際出版の曙―明治の欧文草双紙」福生市郷土資料室編『ちりめん本と草双紙：19世紀後半の日本の絵入本 特別企画展』福生市教育委員会 1990. pp.21-44　https://www.lib.fussa.tokyo.jp/digital/digital_data/literature/pdf/0608/0001/0006.pdf　（2024-12-18 参照）

石澤小枝子『ちりめん本のすべて：明治の欧文挿絵本』三弥井書店 2004.

奥沢康正『外国人のみたお伽ばなし―今日のお雇い医師ヨンケルの『扶桑茶話』』思文閣出版 1993.

久保裕愛「伊予・喜左衛門狸伝説における口承／書承の問題・再考」『言語文化研究』38（1-2）2018.9. pp.343-396.

「化けくらべ」松谷みよ子『読んであげたいおはなし（下）―松谷みよ子の民話』筑摩書房 2011. pp.176-180.

小暮正夫文・原ゆたか絵「ばけばけくらべ」『キツネとタヌキのばけばけ話』（日本のおばけ話・わらい話 13）岩崎書店 1987. pp.45-52.

城陽市教育委員会「昔話 3 狸と狐のだましあい」『城陽の民話と暮らし』1993. p.4-5.

「12 THE CUB'S TRIUMPH　野干の手柄　子狐の勝利」宮尾與男編『対訳日本昔噺集：明治期の彩色縮緬絵本 第 2 巻』彩流社 2009. pp.113-138.

志田義秀「童話『文福茶釜』の研究 4」『東亜の光』5（9）東亜協会 1910-09. 国立国会図書館デジタルコレクション https://dl.ndl.go.jp/pid/1591446（参照 2024-11-04）

Brauns, David August. *Japanische Märchen und Sagen*. Leipzig, W. Friedrich, 1885. p.439.

Chamberlain, Basil Hall trans. *Ko-ji-ki; or Records of Ancient Matters*. (Transactions of the Asiatic Society of Japan Supplement to vol. X) B. Meikle john [1882]. (https://dl.ndl.go.jp/info:ndljp/pid/1677745)（2022-11-13 参照）

Griffis, William Elliot. "The Fox And The Badger." *Japanese Fairy World. Stories from the Wonder-lore of Japan*. J. H. Barhyte, 1880. Preprint.

James, Grace. "The Little Cub." *John and Mary's Japanese Fairy Tales*. London: Frederick Muller, 1957. pp.83-104.

Mitford, A. B.. *Tales of Old Japan, Illustrations, Drawn and Cut on Wood by Japanese Artists*. Macmillan, 1871.

Koyama, Noboru. "Grace James (1882–1965) and Mrs T.H. (Kate) James (1845–1928) : Writers of Children's Stories." *Britain and Japan: Biographical Portraits*. Vol. IX. Ed. by Hugh Cortazzi. Folkestone, Kent: Renaissance Books, 2015. p. 476.

〈注〉

[1] ダニエーレ・レスタ「ちりめん本『The OGRES of OYEYAMA (『大江山』)』の翻訳：グリフィス訳『Raiko and the Shi-Ten Doji』の影響をめぐって」東アジア比較文化研究 (13) 2014.6 pp.157-171.

[2] アン・ヘリング 1990. p.36.

[3] チェンバレン著 髙梨健吉訳『日本事物誌1』(東洋文庫131) 平凡社 1969. pp.200-201.

[4] James, Grace. "Japanese Fairy Tales and Folklore." *Transactions and Proceedings of the Japan Society*, London, 1933. p.31.

[5] 石澤小枝子 2004. p.19.

[6] James, Grace. 1933. p.31.

[7] 松村恒「Analecta Anglica」『神戸親和女子大学英語英文学』18 1998.12 . pp.26-79.

[8] 石井花「小泉八雲とちりめん本：『若返りの泉』の成立過程を中心に」『ヘルン研究』4 2019.3. pp.54-84.

[9] 染村絢子『ラフカディオ・ハーンと六人の日本人：茨木清次郎・角田柳作・田部隆次・甲斐美和・雨森信成・長谷川武次郎』能登印刷出版部 2017. p.375.

[10] James, Grace. "The Little Cub" *John and Mary's Japanese Fairy Tales*. London: Frederick Muller, 1957. pp.83-104.

[11] James, Grace. *John and Mary's Aunt*. London: Frederick Muller, 1950. pp.237-238.
[12] 石澤小枝子 2004. p.39.
[13] アン・ヘリング 1990. p.32.
[14] 榎本千賀「茂林寺と分福茶釜」『大妻女子大学紀要．文系』26 1994-03. pp.135-157.
[15] 宮尾興男編『Japanese Fairy Tales Series 対訳日本昔噺集』第3巻 彩流社 2009. p.204.
[16] 小林光一郎「ちりめん本『竹篦太郎』に表れる「踊る猫」」『年報非文字資料研究』(8) 2012.3. pp.81-105.
[17] 高島一美「ちりめん本『日本昔噺』シリーズ"SCHIPPEITARO"(竹篦太郎)考 – 翻訳の原典をもとめて」『宮城学院女子大学大学院人文学会誌』(9) 2008.3. pp.1-18.
高島一美「ちりめん本「日本昔噺」シリーズ"Schippeitaro"(竹篦太郎)考 – 翻訳の原典をもとめて(その2)」『宮城学院女子大学大学院人文学会誌』(12) 2011.3. pp.9-18.
[18] アン・ヘリング 1990. p.36.
[19] 同上 p.37.
[20] 石澤小枝子 2004. p.54.
[21] 高島一美「ちりめん本"THE OGRE'S ARM"(羅生門)考 – 頼光説話の騎士道物語化」『いわき明星大学大学院人文学研究科紀要』(6) 2008.1. pp.35-46.

【コラム】
3．芥川龍之介の「蜘蛛の糸」の原作『カルマ』

　アメリカ人のポール・ケラス（Paul Carus（1852-1919））は、シカゴの万国博覧会でちりめん本を知り、仏教の布教のために、長谷川武次郎に依頼して2冊の英文ちりめん本 *Karma : A Story of Early Buddhism*（『カルマ』）(1895) と *Nirvâna : A Story of Buddhist Philosophy*（『ニルヴァーナ』）(1897)を作成し、シカゴのオープンコートという出版社を通じて出版した。

　『カルマ』は、その後、鈴木貞太郎（すずきていたろう）（鈴木大拙（すずきだいせつ）(1870–1966)）により日本語に訳されて『因果の小車』というタイトルで、1898（英治31）年に長谷川商店から出版された。緒言には、『カルマ』をトルストイが翻訳したことや、それがドイツ語・フランス語・英語に訳されたことが紹介されている。『カルマ』の四つ目の話が "The spider web（蜘蛛の巣）" で、鈴木大拙はこれを「蜘蛛の糸」とタイトルを変えて翻訳した。我々もよく知る、犍陀多（カンダタ）と仏の話である。芥川龍之介が「蜘蛛の糸」を出典として、鈴木三重吉（すずきみえきち）が1918（大正7）年に創刊した、童話と童謡の児童雑誌『赤い鳥』の創刊号に、子供向けの「蜘蛛の糸」を書いたことはよく知られている。

　（参考文献：片野達郎（かたのたつろう）「芥川竜之介「蜘蛛の糸」出典考－新資料「因果の小車」の紹介」『東北大学教養部紀要』東北大学教養部 （通号 7） 1968.1. pp.53-74. 国立国会図書館デジタルコレクション https://dl.ndl.go.jp/pid/1812745 （参照 2024-12-25））

第4章
英雄になった古事記の神

1. 日本最古の古典『古事記』

　「日本昔噺」シリーズでは、『古事記』から三つの再話が採用されている。ジェイムス夫人（Mrs. T. H. James, Kate または Katherine James (1845-1928)）の翻訳した *The Hare of Inaba*（『因幡の白兎』）と *The Princes of Fire-Flash and Fire-Fade*（『玉の井』または『彦火火出見尊』[1]）、チェンバレン（Basil Hall Chamberlain (1850-1935)）が翻訳した *The Serpent with Eight Heads*（『八頭の大蛇』）である。

　日本最古の古典である『古事記』は、稗田阿礼が誦習し、太安麻呂が撰録して、元明天皇に献上し、712年に成立したとされる。全3巻で、上巻は神々の物語、中・下巻は神武天皇から推古天皇までの歴史物語と

なっている。歴史書であるが、日本最古の勅撰歴史書とされる『日本書紀（日本記）』とは異なり、神話や伝説などが中心であることから、日本最古の文学書ともされている。

『古事記』は、江戸時代には刊本が出版され、本居宣長（もとおりのりなが）による注釈書『古事記伝』（1798）が出版されて研究されるようになったが、明治時代に入っても、庶民、ましてや児童に親しまれる書物とは言い難いものであった。したがって、日本で児童書という概念が成立していなかった1887（明治20）年前後に刊行された20冊からなる「日本昔噺」シリーズに『古事記』から3作品が収録されていることは、現代から見ても少々奇異に感じられる。

一般には、チェンバレンが1882（明治15）年に『古事記』の英訳である *Ko-ji-ki or Records of Ancient Matters*（以下、*Ko-ji-ki* と略す）を出版しているため、尾崎るみが「チェンバレンがその中から選び出したエピソードを、ジェイムス夫人が子どもたちにより分かりやすい形に整えたものと理解できる」[2] と述べているように、『古事記』からの再話はチェンバレンの意向であり、ジェイムス夫人による『因幡の白兎』と『玉の井』もチェンバレンの *Ko-ji-ki* からの再話であると一般に考えられている。

ただし、チェンバレンの *Ko-ji-ki* は、古代の日本語研究のためのいわば研究書であり、チェンバレンとジェイムス夫人は、これを西洋の人々にも受け入れられる話とするために、いくつかの工夫を施している。この章では、ジェイムス夫人の再話の特徴を考察するために、チェンバレンの『八頭の大蛇』と *Ko-ji-ki* の本文の異同を見た上で、ジェイムス夫人の『因幡の白兎』と『玉の井』と *Ko-ji-ki* を比較・考察する。比較に際しては、*Ko-ji-ki* は、国立国会図書館デジタルライブラリーで提供されている1882（明治15）年出版の図書[3] を参照した。なお、『古事記』と内容が重複する『日本書紀（日本記）』については、アストン（William George Aston（1841–1911））の英訳（*Nihongi : Chronicles of Japan from the Earliest Times to A.D. 697*)の出版が1893（明治26）年であるため、本稿では検討の対象とはしない。

　また、『因幡の白兎』については、現在に至るまで多様なかたちで出版を重ね、最近では複数の教科書に採用されているため、すでに様々な角度から論じられ、その中ではジェイムス夫人訳の『因幡の白兎』について言及される場合もある[4]が、本稿では、チェンバレンの *Ko-ji-ki* との対比に限定して考察する。

2．チェンバレンによる英訳 *Ko-ji-ki*

　チェンバレンによる『古事記』の英訳は、1882（明治15）年に *Ko-ji-ki, or Records of Ancient Matters* のタイトルで Transactions of the Asiatic Society of Japan の vol.10 の Supplement として発表され、翌1883（明治16）年には *Ko-ji-ki or Records of Ancient Matters* が Lane Crawford から図書として出版された。

　Ko-ji-ki の敬語表現を検証した高橋憲子は、「チェンバレンは「字句のままに本文を移す」という方針を貫くことにより、その英訳に『古事記』の文体を伝えているように思われる」と述べ、チェンバレンが本居宣長の『古事記伝』の解釈を土台にして翻訳を行っていること、敬語表現については、『古事記伝』の説明が明確でなかった個所については理解のあいまいさがうかがえるとしながらも、「チェンバレンの英訳に関する強い意志と『古事記』というテキストへの敬愛の念を感じとることができる」[5]としている。

　なお、*Ko-ji-ki* の冒頭の序で、チェンバレンは以下のように述べている。

　　Of all the mass of Japanese literature, which lies before us as the result of nearly twelve centuries of book-making, the most important monument is the work entitled "Ko-ji-ki" or "Records

of Ancient Matters," which was completed in A.D.712. It is the most important because it has preserved for us more faithfully than any other book the mythology, the manners, the language, and the traditional history of Ancient Japan.[6]
（拙訳：約12世紀にわたる書籍の作成の結果として、私たちの前に広がる膨大な日本文学の中で、最も重要な記念碑的な著作は、西暦712年に完成した『古事記』、または『古代の事柄の記録』と題された作品です。この本が最も重要であるのは、古代日本の神話、風習、言語、古代史を、他のどの本よりも忠実に留めているからです。）

チェンバレンは『古事記』を、古代日本の神話や風習、言語、伝説的な歴史を最も忠実に守り伝えている、日本文学の最も重要な業績であると考えたのである。

ところで、我々が『古事記』というタイトルから連想する日本の「神話」や「神道」について、チェンバレンはどのように考えていたのであろうか。『日本事物誌』(Things Japanese) の索引で「神話」を検索すると「歴史と神話（History and Mythology）」の項に参照があり、「同じ項目に神話も含めているのは、（この国の古代史では）神話と歴史を切り離すことが絶対に不可能だからである。実際に、両方とも等しく信じがたい作り話なのだから、切り離して考える必要がどこにあろうか」とした上で、『古事記』と『日本書紀』の「神代」以降のあらすじを説明している。そして、イザナギが天照（アマテラス）、月の神（ツクヨミ）、須佐之男（スサノオ）に宇宙の遺産を分けた時点で「この物語は統一性を失う」と述べている[7]。

「神道（Shinto）」の項では、「シントーの文字通りの意味は「神の道」であり、神話や漠然とした祖先崇拝と自然崇拝—（中略）—に対して与えられた名前である」、「すなわち、神道はしばしば宗教として言及されているが、今日その公式代弁者を勤め、それを愛国的制度として維持し

ようと欲している人々の意見においてすらも、その名［宗教］に価する資格がほとんどない。神道には、まとまった教義もなければ、神聖なる［聖書・経典の類］も、道徳規約もない」[8]としている。

なお、「文学 (Literature)」の項では、『古事記』について「現代に伝わっている中で最古の作品は、712年に遡る『古事記』である。これはときどき日本人の聖書であるといわれる。なぜならこの本の中には日本国民の神話やもっとも古い歴史が書かれているからである。しかし、この本は道徳的・宗教的な教えを含んでいない」[9]と述べている。

日本人は本質的に無宗教だと考えるチェンバレンは、神道は宗教とは言えないとする一方で、『古事記』を日本の最古の文学として、また、日本の古代の歴史や文化を伝える文学として評価し、英訳を行ったものと考えられる。

3. チェンバレンの『八頭の大蛇』

神道は宗教ではなく、神話と歴史が切り離せないというチェンバレンの指摘を前提に *The Serpent with Eight Heads*（日本語タイトル『八頭の大蛇』）と *Ko-ji-ki* の異同をみていきたい。

『八頭の大蛇』は、弘文社から「日本昔噺」シリーズのno.9として1886（明治19）年に出版された。表紙を含む全14丁、挿絵は小林永濯によるもので、平紙本（18.2×12.4）とやや小型のちりめん本（15.2×10.2）がある（口絵10ページ参照）。

冒頭では、この話を語るには「拙訳：世界のはじまりにもどらなくてはならない」("we must go back to the beginning of the world")とあり、世界を作ったとても力のある精霊（very powerful fairy）から生まれたAmaという女の子が太陽を、Susano（Susa）と呼ばれる上の男の子が海を、下の男の子が月を授けられたというエピソードで始めて

ここでは、チェンバレンは、「神」を表す god あるいは deity という英語を使わず、「fairy」という言葉を使用している。この点については、石澤は「違和感を感じる」[10]と述べ、また、英語が母語であるアン・ヘリングも、「神」という語彙の扱い方が「読者に違和感を与える」問題であるとしている[11]。高橋は Ko-ji-ki の序でチェンバレンが Kami は deity と訳したが、Kami は西洋の deity や god よりも低い存在としていることに加え、「「fairy」とは（中略）キリスト教の神以外の異教の神でデビルとされたもので」、チェンバレンは「キリスト教文化圏の英語を話す人々に、物語を読む上での違和感を与えないように」fairy と翻訳したと分析している[12]。

　なお、Ko-ji-ki では Ama は Heaven-Shining-Great-August-Deity（天照大御神^{アマテラスオオミカミ}）、次に生まれたのが His Augustness Moon-Night Possessor（月読命^{ツクヨミノミコト}）、末子が His Brave-Swift-Impetuous-Male-Augustness（健速須佐之男命^{タケハヤスサノオノミコト}）となっているが、『八頭の大蛇』では、神としての尊称が省かれ、Ko-ji-ki では多用される敬語表現もみられないことからも、「神道」を宗教ではないと考えるチェンバレンが「神話」としてではなく、fairy-tales としてこの物語を書いたものと思われる。

　また、この最初のエピソードは、Ko-ji-ki では、[SECT. XI.—INVESTITURE OF THE THREE DEITIES THE ILLUSTRIOUS AUGUST CHILDREN]（第 11 節 ― 三柱の神々の叙事詩 光り輝く尊い子供たち）に相当する。その後の Susa が fairy land から追放される部分[SECT. XVII. ― THE AUGUST EXPULSION OF HIS-IMPETUOUS-MALE-AUGUSTNESS]（第 17 節 ― 衝動的な男神の威厳ある追放）までは、いわゆる「天岩戸」の中心的なエピソード以外、『古事記』に書かれた物語の内容は大幅に改変・省略されている。

　改変された目立つ点としては、Susa が天界に来た理由がある。Ko-

第4章　英雄になった古事記の神　　123

『八頭の大蛇』本文より（五丁表：天岩戸）
（東京女子大学比較文化研究所所蔵）

ji-ki では、与えられた海の国を治めずに "I wail because I wish to depart to my deceased mother's land, to the Nether Distant Land"（拙訳：私は亡き母の国、冥界へ旅立ちたいために嘆いているのだ）と泣きわめいて父の大神を怒らせて中つ国を追放されて天界に上ったのに対して、『八頭の大蛇』では、満足して夜の国を治めている弟に対して、"Susano was very angry and disappointed at having nothing but the cold wet sea to live in"（拙訳：スサノオは、冷たく湿った海

に住むしかなかったことに非常に怒り、失望した）として、天界で姉が機織りをしている美しい部屋におしかけて狼藉におよび、驚いた召使いたちが死んでしまったという展開としている。*Ko-ji-ki* にある須佐之男の命の誓約や勝さびのいくつかの蛮行などは略されている。この改変は、*Ko-ji-ki* の Susano の言葉や父神の激怒が、三人の神の誕生の前に父イザナギが亡くなった妻を追って黄泉国に行ったエピソードを受けたものであったことが理由として考えられる。連綿と続く物語である *Ko-ji-ki* から Susano の物語を合理的に切り出すための工夫であり、同時に高天原での天照大神と須佐之男の命の冗長な逸話を取り除いて、一気に「天岩戸」の話につなぐという効果が生まれている。

　さらに、『八頭の大蛇』では、*Ko-ji-ki* にある大宜津比売(オオゲツヒメ)の神の殺害をはじめとする Susa の蛮行を略したり、軽い内容へと書き換えた上で、"poor Susa"（哀れな須佐）は fairy-land（精霊の国）を追われて地上に行くことになっている。一方で、Ama については "she was curious and always liked to see every thing"（拙訳：彼女は好奇心旺盛で、いつもあらゆるものを見ることが好き）であることに神々が気付いてはかりごとを計画したという説明を入れるなど、人間的で、読者に分かりやすい内容となるような工夫がなされている。

　続く天岩戸と Susano の天上界からの追放、八頭の大蛇退治の筋立ては、ほぼ *Ko-ji-ki* のストーリーに忠実に描かれているが、日本の酒を "beer"（ビール）と訳し、八頭の大蛇の飲みっぷりを "drank and drank and drank"（飲んだ、飲んだ、飲んだ）と繰り返すのはチェンバレンのユーモアの表現であろう。

　また、*Ko-ji-ki* では「その後、気まぐれで汚い下界の神となってふたたび現われる」[13] 須佐之男命は、『八頭の大蛇』では、助けた美しい娘と結婚し、美しい宮殿を建てて、娘の両親とともに幸せに暮らしたとして、その様子が見開きの挿絵で添えられているが、テキストが全くない

見開きの挿絵はちりめん本ではめずらしい。通常ちりめん本では、木版の挿絵に活版印刷の本文がバランスよくレイアウトされているのであるが、『八頭の大蛇』では物語のクライマックスである大蛇が酒を飲む図に加えて、この宮殿の場にもテキストが全く見られない。まるでチェンバレンが「そして幸せに暮らしました」というイメージを強調しているようにも感じられる。チェンバレンは、 Ko-ji-ki で須佐之男の命が櫛名田比売(クシナダヒメ)に送った和歌の始めといわれる「八雲神詠歌」を略す一方で、"he was very kind to her, although he had been so rude to his elder sister"（拙訳：彼は姉に対してとても失礼だったにもかかわらず、彼女にはとても優しかった）という文章を加えている。また、 Ko-ji-ki では天照大神に捧げられた大蛇の尾から出てきた剣は Susano の子孫に代々受け継がれ、現在では皇室に伝わっているとして物語を終えている。

　チェンバレンは、 Ko-ji-ki の須佐之男の命の話を部分的に抜き出し、舞台を神の国からおとぎの国へ変えた上で、わがままにより失敗を犯して追放された若い fairy（精霊）が、大蛇と戦って美しい娘と宝剣を得て幸せに暮らすという分かりやすい貴種流離譚、または、西洋的な竜退治型の英雄譚として再話したと考えることができる。

4. 鰐(わに)の背を飛ぶ『因幡の白兎』

　『八頭の大蛇』に続く『古事記』からの再話である *The Hare of Inaba*（日本語タイトル『因幡の白兎』）は、弘文社から「日本昔噺」シリーズの no.11 として 1886（明治 19）年に出版された。表紙を含む全 9 丁、挿絵は小林永濯によるもので、平紙本（17.9×12.3）とやや小型のちりめん本（15.2×10.3）がある（口絵 11 ページ参照）。

　『因幡の白兎』は、 Ko-ji-ki では、須佐之男の命から数えて 6 代目の Deity Master-of-the-Great-Land（大国主神(オオクニヌシ)）の最初の逸話、[SECT.

XXI—THE WHITE HARE OF INABA]（第 21 節 ― 因幡の白兎）と [SECT. XXII.—MOUNT TEMA]（第 22 節 ― 手間山）の先頭部分からの再話である。

冒頭の部分でまず気付くのは、"Now, there were once eighty-one brothers, who were Princes in the land"（拙訳：さて、昔、ある国に 81 人兄弟の王子がいました）のように、ジェイムス夫人が 81 人の王子の兄弟の物語として話をはじめていることである。神の国、あるいはチェンバレンの fairy-land とも異なった、昔話のような設定となっている。また、主人公には呼び名がなく、最後まで "the eighty-first brother"（81 番目の弟）と呼ばれている。これは、Ko-ji-ki では主人公の "Deity Great-Name-Possesor"（大穴牟遅神[オオアナムヂノカミ]）が、「因幡の白兎」のエピソードの後、試練を乗り越える度に名前を変えて合計五つの名を持ち、最後に国を治める「大国主神[オオクニヌシノカミ]」となったとされていることから、王子の名前による混乱が起きる可能性があり、これを避けるために、「81 番目の弟」のような表現を選んだのではないかと思われる。

ジェイムス夫人は、80 人の兄たちは皆、因幡の Yakami 姫と結婚して王国の全てを手に入れたいと望んでお互いを嫉妬していたが、乱暴で争い好きな兄達のやり方を好まない善良で温厚な（good and gentle）末の王子を嫌い、不親切にふるまうことでは一致していたと述べている。姉娘によるシンデレラのいじめを彷彿[ほうふつ]とさせる説明であるが、兄弟の性格についての描写が Ko-ji-ki にはなく、この部分は、ジェイムス夫人の創作である。

末の王子は、兄達の荷物を持たされ、従者のように兄達の後を歩いて行ったという箇所以降のあらすじは Ko-ji-ki と同様であるが、読み比べると、Ko-ji-ki の直訳の文章に対して、ジェイムス夫人の文章はより具体的で、「鰐[わに]」をばかにする "You silly crocodiles"（拙訳：ばかなわにめ）などのセリフや、"jealous"（やきもちを焼く）"wishing to be King"（王

第 4 章　英雄になった古事記の神　　127

『因幡の白兎』の本文より（三丁裏・四丁裏）（著者所蔵）

になりたい）など登場人物の心理描写が付け加えられている。セリフが多く挿入され、うさぎの後悔の言葉 "Oh! Why did I boast until I was safe on dry land?"（拙訳：ああ、なんで陸に上がって安全になる前に、自慢をしてしまったのだろう！）なども書かれていて、より生き生きとした場面の展開と人物の描写になっていることがよく分かる。さらに、うさぎの苦境が "very sick and miserable"（拙訳：ひどく具合が悪くて悲惨）、"in terrible pain"（ひどい痛み）など形容詞を用いて強調され、ドラマを盛り上げる工夫がされている。

　また、Ko-ji-ki では、鮫を意味する「海の鰐」を "crocodiles of the sea"、「蒲黄」を "the pollen of the sedged"（スゲの花粉）と誤って

訳しているが、『因幡の白兎』でも、それぞれ、"the sea crocodiles"（海のわに）、"the pollen of the sedged"（スゲの花粉）としていることから、ジェイムス夫人がチェンバレンの翻訳を参照していることは明らかである。

*Ko-ji-ki*では八上比売(ヤガミヒメ)が"Deity Great-Name-Pocessor"（大穴牟遅神）と結婚するといううさぎの予言に先立ち、"This was the White Hare of Inaba. It is now called the Hare Deity So the hare …"（拙訳：これが因幡の白兎です。今は兎神と呼ばれています）のように、うさぎが八上比売の使いである「兎神」であると説明されている。一方、『因幡の白兎』ではこの部分が省かれているために、兄弟の八上比売への求婚を知るはずのないうさぎの予言には、少々唐突な感がいなめない。また、「兎神」の予言が"Though thou barest the bag, Thine Augustness shall obtain her."（拙訳：荷物を運んでいる（低い身分）にも関わらず、彼女（八上比売）を手に入れるだろう）であるのに対して、『因幡の白兎』では、"Although you carry the bag, yet your Highness shall at last get both the princess and the country"（拙訳：荷物を運んでいるにも関わらず、最後にはあなた様が姫と国の両方を得るでしょう）となっている。それに続けて、姫は親切で善良な81番目の王子を選び、王となって、生涯幸せに暮らしたと終わっている。

ジェイムス夫人は、原作にはない81番目の王子の人間性を"good and gentle, and did not like their rough, quarrelsome ways"（拙訳：善良で温厚で、兄たちの乱暴で喧嘩好きなやり方を好まなかった）、"kind and good"（親切で善良）と繰り返し強調し、最後には姫だけではなく王国も得ている。つまり、ジェイムス夫人は、*Ko-ji-ki*の"WHITE HARE OF INABA"（因幡の白兎）を、親切で善良な王子が人間性と（医学の）知恵によって不遇な環境を乗り越え、姫君と王国を手に入れて、幸福に生涯を送るという分かりやすい英雄物語、貴種流離譚として再話

したと考えられる。

5. 王子と姫の物語『玉の井』

　ジェイムス夫人の次の『古事記』からの再話である *The Princes of Fire-Flash and Fire-Fade*（日本語タイトル『玉の井』または『彦火火出見尊(ヒコホホデミノミコト)』）は、弘文社から「日本昔噺」シリーズのno.14として1887（明治20）年に出版された。表紙を含む全9丁、挿絵の画家は不明である。平紙本（18.2×12.4）とやや小型のちりめん本（15.2×10.2）がある。（口絵11ページ参照）

　『玉の井』は、内容としては *Ko-ji-ki* の [SECT. XXXIX.—THE AUGUST EXCHANGE OF LUCK]（第39節 ― 尊の幸運の交換）、[SECT.XL.—THE PALACE OF THE OCEAN-POSSESSOR]（第40節 ― 海の支配者の宮殿）、[SECT.XLI. — SUBMISSON OF HIS AUGUSTNESS FIRE—SHINE]（第41節 ― 火照(ホオリノミコト)の命の威厳への服従）に対応している。この話は、『古事記』を題材とする能曲『玉の井』として知られるが、現在では、「海幸山幸」または、「山幸彦と海幸彦」として広く知られる話となっている。

　ジェイムス夫人は、登場人物の名前を兄 His Augustness Fire-Shine（火照の命）から Prince of Fire-Flash（炎の王子）へ、弟 His Augustness Fire-Subside（火遠照(ホオリノミコト)の命または彦火火出見尊、天津日高(アマツヒコ)日子穂穂手見の命など）を Prince of Fire-Fade（火を鎮める王子）と、神の名から王子へと変え、前作と同様に神の世界ではなく、おとぎ話風の設定としている。同様に Sea-Deity（海の神）の娘の Luxuriant-Jewel-Princess（豊玉毘売(トヨタマヒメ)）を Sea-King（海の王）の娘の Princess Pearl（真珠姫）としている。

　また、『因幡の白兎』と同様に、チェンバレンが *Ko-ji-ki* では「ゆつ香木」

を "cassia-tree"、鮫を意味する「海のわに」を "crocodile" と誤って訳したのに対して、『玉の井』でも、それぞれ "cassia-tree"、"crocodiles" とされていて、ここでもジェイムス夫人がチェンバレンの翻訳を参照していることは明らかである。

Ko-ji-ki とジェイムス夫人の『玉の井』の内容には固有名詞以外の違いはほとんどないが、唯一、海王が王子に兄に釣り針を返す際の指示が省かれていることが目立っている。指示の内容は以下である。

> What thou shalt say when thou grantest this fish-hook to thine elder brother [is as follows]: 'This fish-hook is a big hook, an eager hook, a poor hook, a silly hook.' Having [thus] spoken, bestow it with thy back hand.
>
> (拙訳：汝がこの釣り針を兄に渡すとき、このように言うべきである。「この釣り針は大きな釣り針、鋭い釣り針、貧弱な釣り針、愚かな釣り針だ。」このように言ったのち、後ろ手でそれを渡しなさい。)

釣り針に関する部分は呪いの言葉で、後ろ手の動作が呪術であることは、チェンバレンも *Ko-ji-ki* の注で説明しているが、ジェイムス夫人はこの部分を省いている。ただし、この部分が省かれても、兄が貧しくなり、怒って弟に戦いを挑むという流れに違和感はない。最後は、tide-flowing jewel（潮満珠）と tide-ebbing jewel（潮干珠）の力で、兄が許しを請い、弟に仕えることを誓う。続いて、*Ko-ji-ki* では "So down to the present day his various posturings when drowning are ceaselessly served up"（拙訳：溺れているときの彼の様々な姿勢は、今日まで絶え間なく語られている）とあるところを、ジェイムス夫人は "His struggles in the water, when he thought he was drowning, are shown at the Emperor's Court even to this very day"（拙訳：溺れそうになったときの彼の水中での苦闘は、今日でも皇帝の宮廷で見るこ

第4章　英雄になった古事記の神　　131

『玉の井』の本文より（七丁裏：真珠姫と竜宮）
（東京女子大学比較文化研究所所蔵）

とができる）と物語を終えている。一般にこの物語は、天孫族と隼人族[14]との闘争を神話化した内容であるとされる。彦火火出見尊は神武天皇の祖父となるのであるが、この最後の文章について、高島はチェンバレンやアストンの注を参照した上で、「ジェームズ夫人が、天皇家の現在性まで意識して翻訳していたとは考えられない」としている[15]が、チェンバレンが『八頭の大蛇』の最後を、太刀は今でも天皇家の宝として伝わっているとしたことと、内容的に呼応しているようにも感じられる。

　ジェイムズ夫人は、話の場面を神の世界から王や王子が存在するおとぎばなしの世界へと変え、兄との諍いのあげくに海の国に追いやられた

王子が、海王の娘と結婚し、海王から与えられた宝によって兄と戦って地上の国の王となる、すっきりとした英雄譚として再話したものと考えられる。

6. 神話からおとぎ話へ

『八頭の大蛇』、『因幡の白兎』、『玉の井』は、チェンバレンによる『古事記』の英訳である *Ko-ji-ki* からそれぞれのエピソードを抜き出してあらすじを整理して物語としたものである。『古事記』は本来、日本の神話であり、主人公は神道の「神」であるが、翻訳者のチェンバレンとジェイムス夫人はいずれも、「神」を表す god あるいは deity という英語を使用せず、チェンバレンは「fairy」（精霊）という言葉を使用し、ジェイムス夫人は単に昔話に登場する「王子」として話を展開した。

『古事記』を英訳したチェンバレンは、日本の神道は宗教とは言い難いという考えを持つ一方で、『古事記』を日本の古代の最も古い歴史を記した文学であると評価して、「日本昔噺」シリーズに *Ko-ji-ki* の中の物語をヨーロッパ風のおとぎ話として再話することを企画したと想像することができる。

牧師の娘であり、敬虔なキリスト教徒であったジェイムス夫人も、日本の古代の神を異教の神である fairy と捉えるチェンバレンの方針に従って、昔話としての再話に協力したものと考えられる。そして、読者が昔話として理解しやすくするために、予言や呪術などの古代の信仰を暗示するエピソードをはずしたものと考えられる。

1886（明治 19）年という時代に、『古事記』をおとぎ話として再話することは、たとえ外国語の出版物であったとしても一部の日本人には抵抗があったかもしれないが、出版者である長谷川武次郎は洗礼を受けたキリスト教徒であり、チェンバレンの方針に異はなかったのであろう。

7. 英雄譚への翻案

　さらに、この三つの物語は、共通して、不遇な青年が戦って、美しい姫と宝を得て幸せに暮らすという英雄譚として書き直されていることも特徴である。特に『因幡の白兎』と『玉の井』は、正しいものが成功するすっきりとした筋立てと美しい文章、会話する動物や魚たちの楽しさが加わって、ジェイムス夫人の作品の中でも魅力的な物語となっている。

　それに比して、『八頭の大蛇』の主人公の Susa は、『古事記』にあるひどい蛮行などは略されているものの、わがままな要求をしたり、子供じみた暴力的ないたずらで姉の召使を死なせるなど、不遇とは言い難いかもしれない。八頭の大蛇を退治する英雄ではあるものの、いわゆる西洋的な騎士や王子とはかけはなれた振る舞いをする精霊として描かれている。ただし、八頭の大蛇を退治した結末では、妻にはやさしかったと述べて、義父母を敬うおだやかな様子の挿絵を加えて、幸せに暮らしたことが暗示されている。

　一方、『因幡の白兎』の場合は、原作の Ko-ji-ki では、80 人の兄達は八上比売を手に入れた弟を憎み、再三殺そうとする (So the eighty deities, being enraged, and wishing to slay the "Deity Great-Name-Processor) のだが、その度に弟神は蘇る。須佐之男命から太刀と弓矢と琴を奪って兄達を退け、娘の須世理毘売を正妻にして、葦原の中つ国の王となった。八上比売は正妻に遠慮して、子供を木の股に残して因幡へ帰ったとされる。このあとも Ko-ji-ki では、沼河比売への求婚の歌や正妻の嫉妬などが続き、決して、おとぎ話風の「幸せに暮らしました」では終わっていない。ジェイムス夫人は、Ko-ji-ki の大国主神の生涯から「因幡の白兎」のエピソードのみを抜き出し、幸せな結末を加えて独立した物語としているのである。

兎と鮫の話は「南海諸島からインドにかけて分布している」[16]話と類似するもので、元々一話完結の物語が『古事記』に組み入れられと考えられるため「再度一話完結型に独立させやすい物語だと考えられ」[17]、また、結末で姫を得ることから「求婚譚」として独立させたという指摘もある。

　ジェイムス夫人による『玉の井』も、読者は物語が「王子は国王となって幸せにくらしました」というハッピーエンドであるかように感じるのであるが、Ko-ji-kiではこの後に [SECT.XLII.—THE PARTURITION-HOUSE OF CORMORANT'S FEATHERS]（第42節 — 鵜の羽の産室）が続いている。豊玉毗売は、出産に際して本来の鮫の姿になっているのを彦火々出見尊にのぞき見され、御子を妹に託して海に戻ってしまう。ジェイムス夫人の娘のグレイス・ジェイムス（Grace Edith Marion James（1882-1965））は、『玉の井』の再話に際して、この話には続きがあるとして、豊玉毗売と彦火火出尊の贈答歌なども紹介し、聞き手の少年に "I think rather a nasty ending"（拙訳：「かなりひどい結末だと思う」）と言わせている[18]ことは興味深い。

　『因幡の白兎』でも『玉の井』でも、主人公と結婚した姫は、不幸な結果となるのであるが、ジェイムス夫人はその部分を省き、すっきりとした英雄物語として再話している。さらに、随所で、王子が西洋のおとぎ話に出てくる "kind and good"（親切で善良）な魂をもった勇敢な騎士であるかのような加筆を行っている。これは、『竹箆太郎』の主人公の若武者や『羅生門』の渡辺綱などの描写にも共通してみられる傾向であり、日本の話を欧米の視点から英雄譚として書き直し、発信したものであるといえる。

8. 鰐の背を飛ぶ兎

　日本最古の歴史書、文学書である『古事記』や『日本書紀』に取材した話は、江戸時代以前にもいくつも残されている。例えば、『八頭の大蛇』と同じ題材に取材したものとしては、金剛流の能曲『大蛇』の他に、近松門左衛門の『日本振袖始』がある。『日本振袖始』は1718（享保3）年に大坂竹本座で初演された時代物浄瑠璃で全五段であるが、現代では、素戔嗚尊が八岐大蛇（岩田姫）を退治する五段目のみが上演されている。外題の「振袖始」は、素戔嗚尊が熱病に苦しむ生贄の稲田姫の着物の袖を切り裂き、熱を逃して病を癒やし、生贄にされる前に袖の中に名剣を隠し持たせることから、「振袖」の始まりと名付けられている。

　また、『玉の井』と同じ題材は、御伽草子の『彦火火出見尊絵詞』と能曲『玉の井』が知られている。『彦火火出見尊絵詞』の原本は恐らく平安末期の作と推定され、江戸時代の写本が伝わっている。神話を主題とした絵巻としては、唯一の存在例とされ、彦火々出見尊の婚姻説話とその子の誕生までが描かれている[19]。能曲『玉の井』では、彦火火出見尊が兄の釣り針を求めて海中に入り、海神の都で3年が過ぎる。陸へ帰ろうとする尊の前に、潮満玉と潮干玉を捧げた豊玉姫と玉依姫、釣り針を探し出した龍王が現れ、舞いを舞って尊を送り届ける。

　一方、江戸時代以前に『因幡白兎』を独立した話としたものはなく、「日本昔噺」シリーズが最初とされている。

　この3話は、「日本昔噺」シリーズの刊行後、1894（明治27）年から1896（明治29）年にかけて博文館が発行した巌谷小波による「日本昔噺シリーズ」に収録され、日本語の「昔話」、児童文学として定着していくことになる。注目すべきは、巌谷小波による『日本昔噺』第2編『玉の井』、第13編『八頭の大蛇』、第14『兎と鰐』では、主人公たち

の呼称は「神」となっているものの、いずれもチェンバレンとジェイムス夫人の再話と同様の筋の省略がみられ、最後が「めでたし、めでたし」で終わっている点である。

　同様に、挿絵の構図にも、明らかに長谷川版の「日本昔噺」シリーズの各話との共通性が見られる。「日本昔噺」シリーズでは、チェンバレンが「海のわに」（鮫）を鰐と間違えたために、『因幡の白兎』の表紙の絵は、海上にぎっしりと並んだ鰐の背中を、赤い法被を着たウサギが飛んでいくという、きわめて印象的なものとなった（口絵 11 ページ参照）巌谷小波の『兎と鰐』でも、兎は半纏をまとい、チェンバレンの誤訳であるはずの「鰐」の背を渡っていくのである。巌谷小波が、長谷川版の「日本昔噺」シリーズを参考としたことは明らかである。

　これ以後、『因幡の白兎』は現代にいたるまで多くの教科書にも採用されることとなるが、『古事記』本来の筋立てではなく、欧米の価値観と視点で整理した再話が、明治の後半以降、日本の神話として児童に広く読まれることになったという事実は、まことに興味深いと言える。

〈参考文献〉

アン・ヘリング「国際出版の曙―明治の欧文草双紙」福生市郷土資料室編『ちりめん本と草双紙：19世紀後半の日本の絵入本　特別企画展』福生市教育委員会 1990 pp.21-44. https://www.lib.fussa.tokyo.jp/digital/digital_data/literature/pdf/0608/0001/0006.pdf （参照 2024-12-18）

石澤小枝子『ちりめん本のすべて：明治の欧文挿絵本』三弥井書店 2004.

石井正己『ビジュアル版日本の昔話百科』河出書房新社 2016.

石井正己編『昔話と絵本』三弥井書店 2009.

原田範行、黒崎政男、近藤裕子「形態論、出版文化史、表象文化論からみた縮緬本の統合的研究」『東京女子大学比較文化研究所紀要』(82) 2021-01

pp.1-47.

宮尾與男編『対訳日本昔噺集：明治期の彩色縮緬絵本 第2巻』彩流社 2009.

〈注〉

[1] *The Princes of Fire-Flash and Fire-Fade* の初版には日本語タイトルがないが、後の版では、『玉の井』となっているものもある。1887（明治20）に弘文社が出版した『簿記学例題』の巻末の「弘文社出版書目」による日本語書名や1889（明治22）年に出版された平紙の合冊本の日本語タイトルは『彦火火出見尊』となっている。

[2] 尾崎るみ「長谷川武次郎のちりめん本出版活動の展開：『欧文日本昔噺』シリーズが20冊に達するまで」『白百合女子大学児童文化研究センター研究論文集』(25) 2022-03. pp.29-54.

[3] Chamberlain Basil Hall, trans. *Ko-ji-ki or Records of ancient matters* ([Transactions of the Asiatic Society of Japan] Supplement to vol. X) B. Meiklejohn, [1882] . https://dl.ndl.go.jp/pid/1677745/1/1（参照 2024-11-30）

[4] 小川雅子「学習指導要領における神話の位置づけと教材化の検討：小学校の国語教材「いなばのしろうさぎ」を中心に」『山形大学紀要．教育科学』17(2) 2019.2. pp.47-64.

[5] 髙橋憲子「チェンバレンによる『古事記』の訓みと英訳 —その敬語意識を中心として—」『早稲田大学大学院教育学研究科紀要：別冊』21 (2) 2014.3. pp.175-186.

[6] Chamberlain, Basil Hall, trans. [1882]. p. i.

[7] チェンバレン著 高梨健吉訳『日本事物誌1』（東洋文庫131）平凡社 1969. p.281.

[8] チェンバレン著 高梨健吉訳『日本事物誌2』（東洋文庫147）平凡社 1969. p.196.

[9] 同上 p.30.

[10] 石澤小枝子 2004. p.35.

[11] アン・ヘリング 1990. p.30.

[12] 高島一美「ちりめん本「日本昔噺」シリーズ "The Serpent with Eight Heads"(『八頭ノ大蛇』)考－チェンバレンの翻訳姿勢と日本理解」『いわき明星大学大学院人文学研究科紀要』9 (9) 2011.3. pp.25-35.

[13] チェンバレン著 高梨健吉訳『日本事物誌1』(東洋文庫131) 平凡社 1969.p.283.

[14] 天孫は天つ神の子孫、隼人は古代、薩摩や大隅に居住した人々で、しばしば大和政権に反抗した九州南部の種族である。

[15] 高島 一美「ちりめん本「日本昔噺」シリーズ "THE PRINCES FIRE-FLASH & FIRE-FADE" 考－兄弟の争いの物語としての翻訳」『いわき明星大学大学院人文学研究科紀要』8 (8) 2010.3. pp.30-51.

[16] 西宮一民校注『古事記』(新潮日本古典集成〈新装版〉)新潮社 2014. p.59.

[17] 谷本 由美「明治期児童向け古事記「いなばのしろうさぎ」のはじまり―チェンバレン「ちりめん本」から巌谷小波「日本昔噺」へ―」『同志社女子大学生活科学』45 2012.2 . pp.44-53.

[18] James, Grace. *John and Mary's Japanese Fairy Tales*. London: Frederick Muller, 1957 p.169.

[19] 福井県「文化財紹介_絹本著色　彦火火出見尊絵巻」. https://bunkazai.pref.fukui.lg.jp/search_category/content?detail_id=30-0（参照 2024-11-28）

【コラム】
4．寄席と落語の紹介『日本の噺家』

　1900（明治33）年のパリ万博へ出品するために、長谷川武次郎が用意したちりめん本の1冊が1899（明治32）年刊行の *Au Japon : Les Raconteurs Publics*（『日本の噺家』）である。28ページ、縦が20cmのやや大型のちりめん本で、著者のジュール・アダン (Jules Adam(1861-没年不明)) は、当時、フランス領事館の一等書記官であった。同年にオスマン・エドワード (Osman Edwards（1864-1936)) が同書を英語に翻訳した、ちりめん本 *Japanese Story-tellers* も出版されている。

　『日本の噺家』では、当時の東京には243件の寄席があると説明し、木戸口や履物を下足番に預けて下足札を受け取ることなどを細かく説明している。当時、人気を博していた英国人の噺家ブラックの寄席での様子などを知ることができる。表紙見返しの寄席の看板に「長谷川亭」と描かれたユーモアのある挿絵は新井芳宗によるもので、客席の人々の着物や座布団の柄が分かるほどていねいに描かれ、明治の寄席の様子を伝えている。柏木新『明治維新と噺家たち：江戸から東京への変転の中で』本の泉社 2022 に全文訳が掲載されている。

　また、6章でもふれるが、1894（明治27）年に刊行された「日本昔噺」シリーズの no.21 *Three Reflections*（『三つの顔』）は、落語『松山鏡』の再話である。

第5章
女の子の物語

　長谷川武次郎(はせがわたけじろう)（1853-1936）が1885（明治18）年から刊行をはじめた「日本昔噺」シリーズの最初の20冊[1]には、女の子が主人公の話が2編含まれている。no.10 *The Matsuyama Mirror*（『松山鏡』）と no.16 *The Wooden Bowl*（『鉢かづき[2]』）で、ともにジェイムス夫人（Mrs. T. H. James または Kate James（1845-1928））による翻訳作品である。第5章では、『松山鏡』、『鉢かづき』を原作とされる作品と比較し、ジェイムス夫人の翻案の特徴を述べた上で、これら二つの作品に共通する特徴としての自らの美貌にとらわれない姿勢について論じる。

1．世界に流布する鏡の物語

　The Matsuyama Mirror（『松山鏡』）は、弘文社から「日本昔噺」シリーズのno.10として1886（明治19）年に出版された（口絵12ページ参照）。表紙を含む全11丁、挿絵は小林永濯によるもので、平紙本とやや小型のちりめん本がある。

　ちりめん本『松山鏡』の原作とされる「鏡を知らないもの」の物語は、古代インドの民間説話にはじまり、明朝末期に成立した中国の笑話本『笑府』を経て日本に伝わって各地の昔話となった。また、それに基づいて御伽草子『鏡男絵巻』や狂言『鏡男』、謡曲『松山鏡』などが創作されたとされている[3]。

　室町時代の『鏡男絵巻』では、近江国の翁が都でだまされ、鏡を千両で買う。妻に女を連れ帰ったと誤解された翁は鏡を壊すが、破片に顔が映ることを恐れて山奥へ逃げ、白鼠の隠れ里で霊薬や財宝を貰って富貴繁昌するおとぎ話となっている[4]。

　狂言の『鏡男』では、越後の国、松の山家の男が、妻へのみやげに都で鏡を買って帰るが、鏡を知らない妻は、鏡に映った自分の姿を見て、夫が都から女を連れて帰ったと思い怒る[5]。落語の『松山鏡』でも同様に、越後の親孝行息子が、鏡に映る自分の姿を父と信じるが、妻は夫のかくし女と思い、けんかになる。仲裁に入った尼は、鏡を見て、女は尼になったと言うという筋立てである。別名を「鏡のない国」「鏡のない村」とも言われる。ジェイムス夫人はのちに落語の『松山鏡』を *Three Reflections*（『三つの顔』）というタイトルで翻訳している。昔話では「尼裁判」として知られ、類似の話は、中国の他、韓国やトルコにもみられる。

　一方、「松山鏡」の諸作品を分析した中村とも子は「鏡知らず」の物語のうち「母娘をめぐる「松山鏡」は世界の類話と照らすと日本のみに

2. 謡曲『松山鏡』

謡曲『松山鏡』では、越後国、松の山家の男が先妻の三回忌に焼香のため持仏堂に行くと、自分の娘が何かを隠すのでこれを怪しむ。木像を作って継母を呪っているという噂が本当かと思い、叱るが、娘が母の形見の鏡に映る自分の姿を母と思って追慕していたことが分かり、鏡はものの影を映すものだということを教える。男が、娘が母に生き写しであることと、娘の素直な心根に泣くと、鏡に母の亡霊が現われる。その後、地獄から倶生神[7](クショウジン)が母の亡霊を追って来るが、娘の孝行心により菩薩となった母の姿に驚き、倶生神は地獄へ帰っていく[8]。

父が再婚し、娘が継母を呪っているのではと疑うこと、亡き母の亡霊と、それを追う倶生神という地獄の鬼が登場する後半がある点が、謡曲『松山鏡』の物語としての特徴となっている。前妻に鏡を土産として与えたことは、父の思い出として語られている。

3. ヨンケルの『越後の少女』

一方、これまでも説明したように、ジェイムス夫人は、日本語の会話はできたが、読み書きのできる範囲は限られたため、「日本昔噺」シリーズに収録された作品は各国語に翻訳された昔話集などから再話したものと考えられている。ちりめん本に先行する欧文昔話集の中では、ヨンケル・フォン・ランゲッグ（Junker von Langegg, F. A.（1828-1901））が翻訳・編纂した *Fu-sô châ-wa*（『扶桑茶話』）に、『松山鏡』に類似した内容の "Das Mädchen aus Echigo"（「越後の少女」）が収録されている。

「越後の少女」では、越後の親孝行な少女が、母の死に際に鏡を渡さ

れ、鏡の中に母の優しい顔をみて思いを寄せる。父に鏡のことを知らされても、母の言いつけを忘れず、最後までよく父の世話をしたという孝行話である。最後に、父が鏡について説明し、それを聞いた娘は悲しむが、やがて以下のように考える。

> 私が見ているのがお母さん自身でないとしても、お母さんと同じ顔をしたお母さんが愛した者の像です。だからこれからも、これまでもと同じように子供としてこれを慕い、私がお母さんの最後の言いつけを忘れていない証としましょう。(奥沢康正訳[9])

4. 継母が登場しない『松山鏡』

　ジェイムス夫人による『松山鏡』のあらすじは以下のとおりである。
① 昔、越後の松山に夫婦が幼い娘と住んでいた。ある時、夫が仕事で京に行くことになり、妻は誰も行ったことのない都に行く夫を誇らしく思いながら送り出した。
② 帰郷した夫は土産として妻に鏡を与え、自分の姿が映ることを教える。鏡に夢中になった妻は、数日後、自分のうぬぼれに気づき、鏡を貴重な品としてしまい込む。
③ 娘は妻に似て美しく育ち、母と同様に自分の美しさも、姿を映す鏡のことも知らずに育つ。ある時、病気で死期を悟った母は娘に鏡を渡し、自分の死後、朝晩鏡の中の母を見るようにと言い残して、息をひきとる。
④ 母の死後娘は母の言いつけを守り、娘は毎日鏡に語りかける。いぶかしく思った父が理由を聞くと、娘は母と話していると答える。
⑤ 娘の純真さに感動し、不憫に思った父は、娘に鏡のことを説明することができなかった。

　箱崎昌子は、ちりめん本『松山鏡』を、『神道集』巻第八の四十四「鏡

『松山鏡』の本文より (九丁裏・十丁表：娘と父)
(著者所蔵)

宮事」、『鏡男絵巻』(『鏡破翁絵詞』)、室町時代後期の狂言『鏡男』の複数の台本ならびに謡曲『松山鏡』と内容を比較し、「父親の上京、土産の鏡、鏡に映る姿の誤解等、「松山鏡」説話と共通する」とした上で、「母子の情愛が描かれており、母そっくりに娘が成長すること、娘が亡き母を慕い続けていること、父が娘を不憫に思うこと」という三つの主要な物語要素を挙げている。さらに、この点が謡曲『松山鏡』と共通していることを指摘して、ジェイムス夫人の『松山鏡』は「謡曲『松山鏡』の物語要素を用いた家族愛の物語として語られている」としている[10]。

ただし、謡曲の『松山鏡』では、夫は再婚しており、ジェイムス夫人版の『松山鏡』にある夫の旅立ちや帰郷時の夫妻の仲むつまじさや夫の

好む色の衣装を着るなどの細かい描写はない。また、妻が鏡を見てはじめて自分の美しさに気付いたこと、娘にはうぬぼれの気持ちを持たせないために鏡を隠していたという記述や、不憫に思った父が、娘に鏡のことを話すことができなかったという記述もみられない。

　中村とも子は、「越後の少女」とジェイムス夫人の『松山鏡』を比較し、鏡をめぐる母娘の最後の会話と、母亡きあとの娘の心情表現が似通うと指摘している[11]。その一方で、夫の旅立ちや帰郷の際の妻の情愛に満ちた心遣いの描写や、自身の美貌をうぬぼれることへの戒め、自身の像を母と思い込む娘を不憫に思う父親が娘にそれを告げられなかったことなどが、ジェイムス夫人版の『松山鏡』の翻案の特徴であることも分かる。

　一方、日本の民話などでは夫婦の情愛が描かれることは多くはないが、ジェイムス夫人版の『松山鏡』では、夫の上京を心配しながらも、片田舎から京へのぼる初めての人である夫を妻が誇りに思っていること、帰郷の日に娘には一番の晴れ着を着せ、自分は夫の好む色の着物を着て出迎えたことなどが書かれている。箱崎昌子が、夫の好む青の着物について、西洋で「礼節、誠実な愛」を示す色を意図的に用いていると指摘しているように、ここで描かれる妻は、一般的に日本の民話に現われる女性よりも、夫への愛情を率直に表現している点で西洋の物語に出てくる婦人像に近い。こうした「工夫」を平川祐弘（ひらかわすけひろ）は「いかにも英国海軍将校の夫人らしい脚色[12]」と指摘しているが、測量術の教師として日本海軍の遠洋航海に同行する夫を送り出し、異国で一人夫の帰りを待ちわびたジェイムス夫人自身の経験が反映されていると考えられる。

　さらに、上京と帰郷の際の夫の言動については、謡曲『松山鏡』や「越後の少女」では過去の出来事として詳しくは語られていないが、ジェイムス夫人の『松山鏡』では、"He had much to tell of all the wonderful things he had seen upon the journey, and in the town itself"、"… proud of knowing something that his wife didn't know"

（拙訳：「夫は、旅の途中で見た素晴らしいものや、都そのものについて、たくさん話をした。」「妻が知らないことを知っていることを誇りに思いながら」）のように、夫の心理が説明されて、夫婦の会話の様子が詳しく描かれ、妻に美しい工芸品の鏡を土産とし、妻の美しさを愛する優しい夫として描写されている。

また、この物語では、一般的な昔話の「めでたし、めでたし」や松山鏡説話に見られる騒動の終息や「落ち」ではなく、父が娘に本当のことを告げることができないという、余韻を持った以下のような文章で終わっている。

> Nor could he find it in his heart to tell the child, that the image she saw in the mirror, was but the reflection of her own sweet face, by constant sympathy and association, becoming more and more like her dead mother's day by day.
> （拙訳：また、鏡に映っているのは、絶えることのない共感と連想によって、日に日に亡くなった母親に似てきている、娘自身の愛らしい顔の反射に過ぎないということを、子供に伝えることも、父親にはできなかった。）

この最後の文で、父は、鏡の中の自分の像を母の姿だと信じ込んでいる娘を憐れむと同時に、娘の中に面影が見える亡き妻への哀惜をこめて涙を流したことに、夫の妻への愛情が感じられる。この点が、前妻の亡き後程なくして再婚した謡曲『松山鏡』の夫との大きな違いであり、ジェイムス夫人の『松山鏡』の最大の特徴となっていると思われる。

ジェイムス夫人の『松山鏡』を読んだハーン（Lafcadio Hearn, 小泉八雲（1850-1904））が触発され、"I have read her version about fifteen times, and every time I read it, it affects me more. And I can't help thinking that the woman who could thus make the vague

Japanese incident so beautiful must have a tender and beautiful soul, – whoever she is, – whether missionary or not.[13]"（拙訳：「僕はこの版を 15 回程も読み返し、読むたびにより感動を覚える。そうして、あいまいな日本のお話をこんなにも美しいものに作り上げてしまった、優しい美しい魂を持つ女性のことを考えずにいられない。その人が宣教師であろうとなかろうとね」）と述べたことはプロローグですでに紹介した。

　また、ジェイムス夫人と親しく、同様にちりめん本「日本昔噺」シリーズの翻訳者であったチェンバレン（Basil Hall Chamberlain (1850-1935)）は謡曲に親しみ、翻訳もしている。ジェイムス夫人の『松山鏡』が出版された 1886（明治 19）年にチェンバレンが出版した教科書 A romanized Japanese reader[14] の 38 節には、ローマ字による『松山鏡』（vol. 1 p. 45）と英訳（vol. 2 p.56）が掲載されている。前述の「越後の少女」に似た筋立ての短い物語で、箱崎が指摘した「母子の情愛が描かれており、母そっくりに娘が成長すること、娘が亡き母を慕い続けていること、父が娘を不憫に思うこと」は共通していることから、ジェイムス夫人が何らかの形で出版前のチェンバレンの教科書を読んだか、あるいは同じ作品をもとに再話したという可能性があると思われる。ただし、チェンバレンの「松山鏡」も、夫の旅立ちや、帰郷の際の妻の心遣いの描写、自分自身の美貌をうぬぼれることへの戒めはなく、また、結びの部分は「その父あやしと思ひて、その故を問ふに、娘しかじかの由を答へければ、父も「いと不憫なることなり」と涙にくれしとぞ。」（平川祐弘によるローマ字からの日本語への書き換え[15]）と、父が娘を不憫に思い涙する場面で終わっている。

　ジェイムス夫人による翻訳以前には、児童向けの物語として扱われることの少なかった『松山鏡』は、その後、巌谷小波が編纂した和英対訳本[16]や尾﨑テオドラの英訳[17]のおとぎ話集にも再話されたが、これらは、

謡曲『松山鏡』に近い筋立てで、話の筋が少々複雑で冗長に感じられる。

一方、ジェイムス夫人版の『松山鏡』は、長女のグレイス・ジェイムス（Grace Edith Marion James（1882-1965））が1910（明治43）年に刊行した *Green willow and Other Japanese Fairy Tales*[18]にそのまま収録された。第二次世界大戦後は日本国内では『松山鏡』が児童書として出版されることは少なくなっているが、欧米においては、1992年に出版されたAngela Carter編 *The Second Virago Book of Fairy Tales*[19]などに、比較的最近まで繰り返し再話され、出版されている。

5.『三草紙絵巻』の「はちかづき」

鉢を頭にかぶせられた「鉢かづき姫」の話は、『御伽草子』をはじめとして、奈良絵本を絵巻に仕立てた『三草紙絵巻』の「はちかづき」、江戸時代の木版挿絵本の「赤本」なども現存し、古くからの民間伝承として様々な類話が伝わっている。これらのうち、一般に広く知られた鉢かづき姫の物語は、長谷観音の霊験譚、あるいは継子いじめの話として知られ、「日本昔噺」シリーズで、ジェイムス夫人版『鉢かづき』として出版された話とは、少々異なっている。

例えば、『三草紙絵巻』「はちかづき」[20]のあらすじは以下である。
① 備中守実高は長谷観音に詣でて一人娘の幸福を祈っていたが、妻は死に際に姫の頭に手箱を載せ、その上から鉢をかぶせた。
② 父の後妻は姫を憎み、父は姫を野中に捨てさせた。身投げを試みた鉢かづきは助けられ、三位中将の屋敷で湯殿の火焚きとして雇われる。
③ 中将の末息子の宰相が鉢かづきを見初めてわりない仲となり、夫婦になる約束をして、つげの枕と横笛を与える。
④ 宰相の母は鉢かづきを追い出そうとするが、宰相が言うことを聞かないため、他の息子たちの妻と競わせる嫁合わせを行って恥をかかせ

⑤嫁合わせの日、二人が家を出ていこうとすると鉢が取れて美しい姫君が現われ、鉢の中の手箱には高価な衣装や金銀の宝が入っていた。姫君が美しいばかりではなく、楽器の演奏や和歌や習字などにも秀でていることに三位中将は感心し、鉢かづきと宰相に財産を譲ることにする。
⑥後妻との仲がうまくいかなくなり、娘に会わせて欲しいと長谷観音に願っていた父親は、参詣した鉢かづきに再会する。

ここでは、長谷観音に娘の幸せを願いながらも再婚し、継母の願いを入れて娘を捨てた父親が、最後は、長谷観音の霊験により娘に再会するという筋立てになっていて、昔話としては、継子いじめの「シンデレラ」の系統の話と考えられている。和歌や楽器の演奏に秀でた主人公の姫君は、父に捨てられて身投げをし、宰相との恋でも行く末をはかなんで思い悩んで死を考えてしまう、どこか弱弱しい女性として描かれている。

6. ブラウンズの「木の椀をつけた少女」

　第3章で紹介したデビット・オーガスト・ブラウンズ（David August Brauns（1827-1893））が1885（明治18）年に出版した *Japanische Märchen und Sagen* には "Das Mädchen mit dem Holznapfe"（「木の椀をつけた少女」）[21] が収録されている。ここでは、長谷観音の霊験はなく、継子いじめもない。「昔、昔」ではじまり、主人公が不運により貧しくなった夫婦の娘であり、娘の美しさを気遣った母が死の間際に頭に鉢をかぶせたこと、勤勉さを認められて地主の屋敷で働くようになり、都から帰った長男に見初められたこと、結婚に反対する家族、親族を息子が説得し、一度は息子の求婚を断った少女も、夢に現われた

第 5 章　女の子の物語　　151

母の言葉に従って結婚することになること、婚姻の wine を飲み干した瞬間に鉢が割れて、少女の美しさが表れ、宝物が転がりでることなど、後述するジェイムス夫人の『鉢かづき』とあらすじがほぼ共通している。石澤小枝子は次に述べるジェイムス夫人版の再話を「複雑で長い継子譚を昔噺風に省略して短くしている」[22]と述べているが、この昔話風の省略は、ブラウンズによる再話、あるいはその元となった説話によるものと考えられる。

7. 野良で働く『鉢かづき』

　The Wooden Bowl（『鉢かづき』）は、弘文社から「日本昔噺」シリーズの no.16 として 1887（明治 20）年に出版された。（口絵 13 ページ参照）表紙を含む全 14 丁、表紙絵には「土佐又兵衛筆」とあるがこれは絵模様であり、挿絵の絵師は不明で、平紙本とやや小型のちりめん本がある。「日本昔噺」シリーズの no.16 は、1896（明治 29）年にジェイムス夫人訳、新井芳宗の挿絵の *The Wonderful Tea-Kettle* に差し替えられた。その後、*The Wooden Bowl* は、1934（昭和 9）年 5 月に鈴木華邨による挿絵で、シリーズナンバーのないやや大型のちりめん本として刊行された。この大型のちりめん本については後述する。

　あらすじは以下である。
①昔々あるところに、以前は裕福であったが、不運によって零落した夫婦がいた。夫婦には目のくらむように美しい一人娘があり、二人は娘を大切に育てていた。やがて父が亡くなり、衰えを感じた母は、娘がその美しさによって不幸になるのではないかと心配し、臨終の枕元に娘を呼んで、美しさを隠すために娘の頭に木鉢をかぶせ、取らないようにと戒めて、亡くなった。
②母親が亡くなると、娘は鉢をかぶっていることを周囲にあざけられな

がらも、田畑で一生懸命働き続けた。そのうちに娘の静かで上品なふるまいと働きぶりが地主の目にとまり、娘は地主の屋敷で病弱な地主の妻につかえるようになった。親切な地主夫妻は娘を実の子供のように扱った。

③ある時、都で学んでいた地主の長男が帰郷し、木鉢をかぶる娘に興味を持った。娘の悲しい生い立ちを知り、木鉢の下をこっそりのぞいた長男は娘に恋をして、妻にしたいとのぞみ、家柄に相応しくないと反対する家族や親戚を説得した。

④恩ある地主の家族たちの諍いに配慮して、一度は愛する長男の結婚の申込を断った娘であったが、夢の中に亡き母が現われて、自分の願いに従うようにと言ったことから、結婚の申込みを受け入れた。婚礼の準備がはじまり、皆が鉢を取ろうとしても娘は痛がって取ることはできなかった。

⑤婚礼がはじまり、花嫁が「三三九度」の杯に唇をつけると、木鉢は大きな音とともに割れ、中からたくさんの宝石や金銀が床に広がった。宝物にも増して、人々を驚かせたのは花嫁の美しさであり、かつてなかった程喜ばしい婚礼となった。

父母亡き後も田畑に出てかいがいしく働き、勤勉と有能さで地主に気に入られる、ジェイムス夫人が描く「鉢かづき」は、『三草紙絵巻』の姫君の鉢かづきとは、人物造形が全く異なっている。

また、ブラウンズの「木の椀をつけた少女」の簡潔な記述と比較すると、ジェイムス夫人版の『鉢かづき』では、登場人物の心理が推測できるようなこまやかな描写が加えられている。例えば、以下のように地主とその妻に可愛がられ、心を込めて看護する場面は「木の椀をつけた少女」には見られない。

> Now the poor orphan had a happy home once more, for

第 5 章　女の子の物語　　153

『鉢かづき』の本文より
（著者所蔵）

both the farmer and his wife were very kind to her. As they had no daughter of their own, she became more like the child of the house than a hired servant. And indeed, no child could have made a gentler or more tender nurse to a sick mother, than did this little maid to her mistress.

（拙訳：貧しい孤児は、農夫とその妻の両方が彼女にとても親切にしてくれたので、再び幸せな家庭を持つことができました。彼らには娘がいなかったため、彼女は雇われた召使いというよりは、その家の子供のような存在になりました。実際、この小さな女中が女主人にしたように、病気の母親に、優しく、思いやりのある看護をする子供はいなかったでしょう。）

また、息子が少女に結婚を申込み、家族が反対する場面でも、"Her

mistress even, who had been so good to her, now seemed to turn against her, and she had no friend left expect her master, who would really have been pleased to welcome her as his daughter, but did not dare to say as much"（拙訳：彼女にとても優しくしてくれた女主人でさえ、今や彼女に背を向けているようで、彼女には主人以外に友人は残っていなかった。その主人は彼女を娘として迎え入れることを本当は喜んでいたのだが、あえてそうは言わなかった）のように、家族の複雑な思いや鉢かづきの心理が読者に伝わる文章が挿入されている。

　同時に、困難に立ち向かう少女を" but she had a brave heart"（拙訳：しかし、彼女は勇敢な心を持っていた）のように、分かりやすい言葉を使い、少女を励まし、賞賛する筆致がみられる。さらに、割れた鉢から出てくる"viele seltene Edelsteine und andere Kostbarkeiten"（拙訳：たくさんの珍しい宝石とその他の貴重な品々）を"fell a shower of precious stones, pearls, and diamonds, rubies, and emeralds, which had been hidden beneath it, besides gold and silver in abundance"（拙訳：真珠、ダイヤモンド、ルビー、エメラルドなどの宝石が落ちてきて、他にもたくさんの金や銀が隠されていた）と訳すなど、生き生きとした具体的な記述もジェイムス夫人の翻案の特徴と言うことができる。

8.『松山鏡』と『鉢かづき』の共通の主題 ― 顔（美）を隠すこと

　ここまで、ジェイムス夫人が翻訳した『松山鏡』と『鉢かつぎ』について、原文と考えられる作品と比較し、その翻訳・翻案の特徴を見てきたわけであるが、この二つの作品に共通するテーマとして、女性の美し

さを隠す、あるいはうぬぼれを戒めるという母の教えと、それを忠実に守る娘が描かれていることに気付く。『松山鏡』では、自分の美しさに気付いてうぬぼれの気持ちを持ったことを心に留めていた母親は、娘に虚栄心が芽生えることを恐れて鏡を注意深く隠す。

 Mindful of her own little passing vanity on finding herself so lovely, the mother kept the mirror carefully hidden away, fearing that the use of it might breed a spirit of pride in her little girl.
（拙訳：母親は、自分がとても美しいことを知って、一時的に虚栄心を抱いたことを心に留め、その鏡を使うことで、小さな娘に自尊心が芽生えてしまうことを恐れて、その鏡を注意深く隠しておきました。）

 また、謡曲などの『松山鏡』の説話等では、娘は鏡の像は自分の姿であることを教えられるが、ジェイムス夫人版『松山鏡』ではこれを教えられることはない。
 『鉢かつぎ』では、母は娘に、その美しさが身の破滅を招く危険な贈り物であると教え、すべての男性の目からできるだけ隠すようにと命じて、鉢をかぶせる。

 She told her that her beauty was a perilous gift which become her ruin, and commanded her to hide it, as much as possible, from the sight of all men.
（拙訳：母は、娘に、その美しさは破滅をもたらす危険な贈り物であると告げ、その美しさをできるだけすべての男性の目から隠すように命じました。）

 母の愛を理解し、二人の娘はどちらも素直に教えに従う、気立てのよ

い、よく働く女性に成長するのであるが、この二つの作品で描かれる母と娘は、日本の昔噺や御伽草子に見られる女性像というよりも、むしろ、欧米的な自我を持つ倫理的な女性であり、原作となる日本の昔話や説話の人物像とも異なっている。特に『鉢かづき』では、主人公は、勤勉でやさしく、母の言いつけを守って身持ちも堅い女性で、「三三九度」の杯で結婚が成立して初めて鉢が割れるなど、禁欲、貞淑というモラルや価値観を感じさせる内容となっている。

　平川祐弘は、ハーンによる「松山鏡」とジェイムス夫人訳の『松山鏡』を比較し、「娘のナルシシズムへの危惧などという近代的でさかしらな倫理感覚」、「ヴィクトリア朝英国の女性らしい、倫理的な小細工があった」が、ハーンはそれを取り除いて自然体に引き戻したとしている[23]。実際、牧師の娘であったジェイムス夫人は、勤勉を好む、倫理観の高い女性であった。夫人には二人の娘がいたが、長女グレイスが後年、幼い頃の思い出を綴った著書の中で、次のような逸話を紹介している。

　　　Once I said to my mother in an very conceited way, "The Japanese think I am very pretty."
"Oh," returned my mother, drily, "I cannot image how they think that."
"They do -they say Kiré, Kiré."
"I expect you seem very odd and funny to them because you are pale and yellow hair and their children are black-haired and brown-faced. They are too polite to say you are funny—that is all."
I believe my mother was right.[24]
（拙訳：ある時、私は母に、とてもうぬぼれの強い口調でこう言った。
「日本人は私をとてもかわいいと思っているのよ。」
「ああ」と母は冷たく答えた。「どうしてそう思うのか想像もつか

ないわ。」
「日本人は、そう思っているのよ。『キレエ、キレエ』と言うわ。」
「あなたは顔色が青白くて、黄色い髪で、日本人の子供は黒髪で茶色い顔だから、あなたは日本人には、とても奇妙でおかしく思われていると思うわ。彼らは礼儀正しすぎて、あなたがおかしいと言うことができないのよ。それだけよ。」
私は母が正しかったと信じている。)

この本に掲載された写真（口絵5ページ参照）では、グレイスは、金髪で目鼻立ちの整ったかわいい少女である。おそらく、ジェイムス夫人は、日本人にちやほやされて、娘が自分の美しさにうぬぼれを持つことを恐れたのではないかと思われるが、幼い女の子にとっては少々厳しいしつけであったかもしれない。

また、グレイスは、子ども達が通い始めた幼稚園が「遊び」を教えるところだと聞いたジェイムス夫人が、スコットランド人的な考え方で「遊ぶ」は「学ぶ」ではないとして幼稚園を辞めさせ、フランス語を習わせることに決めたというトピックを紹介し、ここでも "She was quite right"（母は正しかった）と述べて、自分は学校でも私生活でもフランス語に苦労することは全くなかったと説明し、さらに以下のように述べている。

> She used to say to us, "You must make an effort, my dears. You will never learn anything worth while without making and effort. Make the effort. It's worth it." [25]
> (拙訳：母は私たちによくこう言っていた。「あなた方、努力しなければいけないわ。努力しなければ、価値あるものは何も学べないわ。努力しなさい。それだけの価値があるものよ。」)

では、ジェイムス夫人が女性の美しさに価値を置かなかったのかと

考えるとそうではない。『鉢かづき』の最後の文章では、"But, what astonished the wedding guests more even than this vast treasure, was the wonderful beauty of the bride"（拙訳：しかし、この莫大な宝物よりも、さらに結婚式の客たちを驚かせたのは、花嫁の素晴らしい美しさでした）とあり、そして、花婿もそのことを誇りに思うのであって、ジェイムス夫人は決して女性の美の価値を否定しているわけではない。むしろ、貧しく孤独な少女の場合は美貌が災いの種になる場合があること、そして自らの美貌へのうぬぼれが、努力や勤勉を続ける妨げになる場合があることを伝えたかったのだと思われる。

　さらに、同じような考え方、母たちが娘の美へのうぬぼれを戒め、努力を口にすることは、現代の若者向けの小説でも語られることがある。例えば、あさのあつこの時代小説『風を結う』には、「美しいと称されるのは嬉しい。けれど、生きていく上で大切なのは別のところにある。幸せであるから美しく照り映える者はいるけれど、美しいだけで幸せを約束される女は稀だ。おちえは母から、そう教えられた[26]」という一文がある。150年前のジェイムス夫人の価値観は、現代においても通ずるものを含んでいるのである。子供たちが読むことを前提とした「日本昔噺」シリーズには、ジェイムス夫人のまっすぐな倫理観こそがふさわしいと思われる。

　グレイスが語る、誰もに細やかな心遣いを示し、娘を慈しみ、美貌よりも "pure, and good, and true"（純粋で、善良で、正直で）と説く母親像と、子供の頃、夜通し病気の牛の世話をしたという経験をチェンバレンに話したという逸話などを考え合わせると、ジェイムス夫人自身がおそらくは勤勉と努力の人であったと考えられる。ジェイムス夫人は、教養はあるが、豊かではない聖職者の娘として育ち、成人後は異国で家庭教師として働いた後、チェンバレンによれば「文無し」の貧しい海軍中尉と結婚した。海軍のミッションで夫が日本に赴任することになり、

配偶者の旅費の支給がなかったために借金をして夫とともに来日したという。つましく生活しながら、華族の子弟に英語を教え、ベッドの下に置いた箱に金を貯めて夫を支え、やがて三人の子供にも恵まれ、徐々に豊かな生活を送るようになった。自分の美しさに重きを置かないこと、幸せは勤勉と誠実、そして自らの努力によって手に入れるものであるという価値観は、ジェイムス夫人自らの経験に基づく考えであり、夫人の生き方、そのものであったと考えられる。

　こうしたことを考え合わせると、「日本昔噺」シリーズの翻訳をすることになった時に、ジェイムス夫人は、チェンバレンも翻訳していた『松山鏡』を取り上げて、自分自身の価値観に沿って翻案したものと考えられる。そしておそらくは、『鉢かづき』を少女達に向けて選び、翻訳・翻案したのであろう。

9．再版『鉢かづき』の挿絵

　前述したように、「日本昔噺」シリーズのno.16の『鉢かづき』は、9年後の1896（明治29）年にジェイムス夫人訳の*The Wonderful Tea-Kettle*（『文福茶釜』）に差し替えられた。この差替は、研究者にも謎とされ、アン・ヘリングは江戸時代には人気のある読み物の一つであった「鉢かづき」は、「若い男女が本人同士の愛情と自由選択に従って結婚するという物語の結末は、児童の読み物として危険なものと見られ、明治以降からは、多少敬遠されることになったのであろうか」[27]と述べている。

　ところで、『鉢かづき』は、1934（昭和9）年5月に鈴木華邨（1860-1919）による挿絵のやや大型のちりめん本として、長谷川武次郎の息子である西宮與作により長谷川商会から出版された。華邨による表紙の絵には、杯をかぶった雀が描かれて、一見して『鉢かづき』であることは分かり難いが、ページを繰ると、小型本に負けない美しい世界が展開す

る。(口絵 13 ページ参照)

　文章は 15% 程度短くなっているが、内容はほぼ 1887（明治 20）年版を引き継いでいる。"brave heart"（勇敢な心）を持つジェイムス夫人版「鉢かづき」の復活である。1887（明治 20）年版からの文章の削除部分は前半に集中しており、「田畑で働く鉢かづき」のページ（口絵 13 ページ参照）のように、華邨の挿絵の美しさを生かした字配りとするために文章を削除したことがうかがわれる。

　また、長男の求婚とそれを退ける鉢かづきに対するいじめのエピソードの部分は大きく書き換えられている。初版では、親せきの悪口の内容や、長男の未婚の二人の叔母が娘をいじめ、息子が叔母たちをいさめたことなどが描かれているが、再版では、これらが大きく省かれている。その代わりに、とても優しかった女主人が娘を台所に送り込み、井戸から水を汲み、薪を割り、火をつけて米を炊くなどの重労働をさせたことが書かれていて、挿絵でも火を焚く娘の挿絵がある。実は、初版の挿絵にも、火を焚く仕事をさせられる娘の様子が描かれていたが、本文にはこの描写はなく、やや不自然に感じたのだが、再版にあたって挿絵が本文と連動するようにしたものと思われる。

　なお、この大型本の巻末の広告には、以下のような記載がある。

　JAPANESE FAIRYTALES. LARGE SIZE EDITION.

　Told in English by Mrs. T. H. James.

　Momotaro or Little Peachling.

　Three Reflections.

　The Flowers of Remembrance and Forgetfulness.

　The Wooden Bowl

　これによれば、長谷川商会がこれら 4 冊の大型ちりめん本を「ジェイムス夫人訳の大型本」として販売する意向であったことを推察すること

ができる。

　実は、この大型ちりめん本が出版された1934（昭和9）年に先立つ1928（昭和3）年に、ジェイムス夫人は英国でその生涯を閉じていた。挿絵を描いた鈴木華邨も1919（大正8）年に没しており、この大型本は出版よりもかなり前の時点で準備されたが、何らかの事情で出版できないままになっていたものであったのかもしれない。『文福茶釜』が出版された前年の1895（明治28）年に、ジェイムス夫人は、夫の勤務先の日本郵船のロンドン支社開設準備のために帰国することになった。この帰国が予期しないものであったことは、長女グレイスの追憶からも読み取ることができる。夫人の帰国後に出版された『文福茶釜』『思い出草と忘れ草』『不思議の小槌』『壊れた像』は、おそらく夫人の帰国以前に出版の準備がなされていたものであろう。

　一方、ジェイムス夫人訳の大型ちりめん本 Momotaro or Little Peachling が刊行された1932（昭和7）年には、ジェイムス夫人の長男のアーサー・ジェイムス（Ernest Arthur Henry James（1883-1944））が東京の英国大使館付きの武官として来日しており、1934（昭和9）年には、長女グレイスもアーサーを訪ねて来日している。憶測の範囲であるが、遺族との了解が成立して、準備していた大型ちりめん本がようやく出版されたのではないだろうか。ただし、この頃には日英関係は冷え込み、ジェイムス夫人の4冊本もかつてのように欧米に歓迎されることはなかった。

〈参考文献〉
石澤小枝子『ちりめん本のすべて：明治の欧文挿絵本』三弥井書店 2004.
佐成謙太郎 著『謡曲大観』第五巻 明治書院 1931. 国立国会図書館デジタル
　コレクション https://dl.ndl.go.jp/pid/1884343（参照 2023-10-17）

〈注〉

1 本書で取り上げる no.16『鉢かづき』 *The Wooden Bowl* は 1896（明治 29）年に『文福茶釜』と差し替えられた。
2 ちりめん本には日本語書名がないが、1889（明治 22）年に弘文社が出版した『日本昔噺』第 13 から第 18 號の合冊本（平紙本）には、日本語書名「鉢かつき」とある。明治時代のかな表記では濁点が使われなかったため、本稿では一連の物語の書名として一般的な「鉢かづき」を使用する。
3 興津要編『古典落語』（選）（講談社学術文庫）講談社 2015. p.34.
4 『鏡男絵巻』写．国立国会図書館デジタルコレクション https://dl.ndl.go.jp/pid/2542588（参照 2024-11-29）の解題・抄録
5 西野春雄他編『新版能・狂言事典』平凡社 2011. p.182.
6 中村とも子「母娘をめぐる「松山鏡」：再話作品と昔話」『昔話伝説研究』(36) 2017.3.pp.37-63.
7 人とともに生まれ、その人の一生の善悪をすべて記録し、死後閻魔王に報告すると考えられた神。人の左右両肩に男女二神があり、おのおの善と悪とを記録するという。コトバンク「デジタル大辞泉」https://kotobank.jp/word/%E5%80%B6%E7%94%9F%E7%A5%9E-483431#goog_rewarded（参照 2024-12-19）
8 西野春雄他、2011.p.145.
9 ヨンケル・フォン・ランゲッグ [著] 奥沢康正訳『外国人のみたお伽ばなし：京のお雇い医師ヨンケルの『扶桑茶話』』京都：思文閣出版 1993.
10 箱崎昌子「ちりめん本「日本昔噺」シリーズ "THE MATSUYAMA MIRROR."（『松山鏡』）考－鏡をめぐる騒動から家族愛の物語へ」『いわき明星大学大学院人文学研究科紀要』(7) 2009.03. pp.13-20.
11 中村とも子、2017. p.39.
12 平川祐弘『小泉八雲と神々の世界／ラフカディオ・ハーン－植民地化・キリスト教化・文明開化』（平川祐弘決定版著作集 12）勉誠出版 2018.p.516.
13 Bisland, Elizabeth, edited, *The Japanese Letters of Lafcadio Hearn*, London, Constable, 1911. p. 277.

[14] Chamberlain, Basil Hall. *A Romanized Japanese Reader; : Consisting of Japanese Anecdotes,Maxims,etc.,In Easy Written Style, with an English Translation and Notes pt.1-3*. Kelly & Walsh, 1886. 3v.

[15] 平川祐弘、2018. pp.514-515.

[16] 巌谷小波 編『日本昔噺：校訂』第四編 英学新報社 1903-1904. 国立国会図書館デジタルコレクション https://dl.ndl.go.jp/pid/1168706 （参照 2023-11-14）

[17] Ozaki, Yei Theodora comp. *Japanese Fairy Tales*. 2003 [eBook #4018]. The Project Gutenberg https://www.gutenberg.org/cache/epub/4018/pg4018-images.html （参照 2023-11-14）

[18] Grace James. *Green Willow and Other Japanese Fairy Tales*. Macmillan, 1910. pp. 228-233.

[19] Carter, Angela, ed. *The Second Virago Book of Fairy Tales*. London: Virago, 1992.

[20] 石井正己『ビジュアル版日本の昔話百科』河出書房新社 2016. pp.16-20.

[21] Brauns, David. *Japanische Märchen und Sagen*. Leipzig: W. Friedrich, 1885. pp. 74-78.

[22] 石澤小枝子 2004. p.48.

[23] 平川祐弘 2018 p.521, 525.

[24] Grace, James. *John and Mary's Aunt*. London, Frederick Muller, 1950. p.35.

[25] ibid. p.182.

[26] あさのあつこ『風を結う』(針と剣縫箔屋事件帖) 実業之日本社 2020. p.30.

[27] アン・ヘリング「国際出版の曙―明治の欧文草双紙」福生市郷土資料室編『特別企画展　ちりめん本と草双紙』福生市教育委員会 1990 p.35.　https://www.lib.fussa.tokyo.jp/digital/digital_data/literature/pdf/0608/0001/0006.pdf （参照 2024-12-05）

【コラム】
5. 狂言になったハーンの「ちんちん小袴」

　Chin-Chin Kobakama（『ちんちん小袴』）」は、長谷川武次郎（1853-1936）が出版したハーン（Lafcadio Hearn, 小泉八雲（1850-1904））の5冊本と呼ばれる挿絵本の1冊で、怪談ではなく、よい子になるように、子供たちに聞かせる話という趣の作品である。

　昔、きれいだが怠け者の若妻が、夫の不在中に、夜中に訪れるたくさんの小人に悩まされる。小人は裃と袴で装い、「ちんちんこばかま…」と歌って踊るので、とうとう若妻は病気になってしまう。戦から帰った夫が小人に切りかかると小人は爪楊枝に変わる。若妻がだらしなく畳のへりに押し込んだ爪楊枝が、夜中に出てきて歌い踊っていたのだった。

　同様の話が昔話や民話として多くの地方に伝わっていて、妻のセツから聞いた話をハーンが再話したと言われている。この作品は、大蔵流狂言茂山千五郎家の十四世茂山千五郎により狂言化され、2017（平成29）年には、アイルランド・日本外交関係樹立60周年記念事業として、ウィリアム・バトラー・イェイツ（William Butler Yeats（1865-1939））原作の「猫と月」の狂言とともに、アイルランド公演が行われた。

　参考：「茂山千五郎家狂言アイルランド公演：アイルランドと日本の邂逅—W.B. イェイツ、ラフカディオ・ハーンと狂言」https://kyogen.sanin-japan-ireland.org/ja/　（参照 2024-12-26）

第6章
麻生武平の語った物語

1. 創作か翻訳か―「続日本昔噺（大判）」と第2シリーズ

　1891（明治24）年12月、ジェイムス夫人（Mrs. T. H. James, または Kate James（1845-1928））による「日本昔噺」シリーズの no.20 の *The Enchanted Waterfall*（『養老の滝』）が出版された。この本は、「日本昔噺」シリーズの最初のシリーズの最終編となった。この頃には、「日本昔噺」シリーズの出版は間隔があくようになっていたが、長谷川武次郎（1853-1936）の出版が活気を失ったということではない。横浜の Kelly & Walsh 社との提携をすすめ、*Princess Splendor*『かぐや姫』（1889（明治22）年）、「西洋昔噺第1号」と銘打った『八ッ山羊』（1887（明治20）年）、チェンバレン（Basil Hall Chamberlain（1850-1935））

の「アイヌ昔話集」全3冊（1887～1889（明治20～22）年）などの他、広告で委託出版をつのり、持ち込み企画と思われるボストウィッキ（Bostwick, Lieutenant F. M,（生没年不明））『おゆちゃさん』（1890（明治23））年などを次々に刊行していた。

「日本昔噺」シリーズの no.21 は、これまでのちりめん本よりもやや大判（19.5×14）の Enlarged English Edition として、ジェイムス夫人翻訳の no.21 *Three Reflections*（『三つの顔』）が1894（明治27）年に刊行され、続いて同様にジェイムス夫人翻訳の no.22 *The Flowers of Remembrance and Forgetfulness*（『思い出草と忘れ草』）が1896（明治29）年に出版された。この間の1895（明治28）年に、ジェイムス一家はイギリスに帰国した。「日本昔噺」シリーズの Enlarged English Edition は、その後、ラフカディオ・ハーンの *The Boy Who Drew Cats*（『猫を描いた少年』））が1899（明治32）年に、*The Old Woman Who Lost Her Dumpling*（『団子をなくしたおばあさん』）が1902（明治35）年、*Chin Chin Kobakama*（『ちんちん小袴』）が1903（明治36）年に no.23～25 として出版された。

さらに、Japanese Fairy Tale 2nd Series（「日本昔噺」第2シリーズ）として、ハーンによる no.1 *The Goblin Spider*（『化け蜘蛛』）とジェイムス夫人による no.2 *The Wonderful Mallet*（『不思議の小槌』）が1899（明治32）年に、1903（明治36）年には no.3 *The Broken Images*（『壊れた像』）が刊行された。

この「続日本昔噺」シリーズと第2シリーズについては、アン・ヘリングは「ネタ不足で多少伸び悩んでいた可能性もある。（中略）明治22年以降に現れた長谷川版の新刊には、古典と言えるほどの有名な説話があまり見当たらないのは、なぜであろうか。（中略）これより後のジェイムス夫人の書き下ろし英訳や、明治31年から出始めた小泉八雲の5編の英文再話など、その殆どが、一般常識と言える物語であるにしては、

多少かげが薄いことも確かである[1]」と述べている。ハーンの作品は妻の小泉節子（小泉セツ（1868-1932））から聞いた民話を元にした創作であり、同様にジェイムス夫人の作品も、長い間、創作であろうとされてきた。

　石澤小枝子は『三つの顔』について、「原典がある話とは思えないので創作だろう。「松山鏡」にヒントを得て書いたのかもしれない」としているが、第5章で述べたように『三つの顔』は、孝行息子が鏡の中に父を見る、落語の『松山鏡』あるいは民間伝承の「尼裁判」を下敷きにしていることは明らかである。

　この章では、アン・ヘリングや石澤小枝子がジェイムス夫人の創作であろうとした『思い出草と忘れ草』が『今昔物語』からの再話であり、『不思議な小槌』が朝鮮半島に起源を持ち、中国の『酉陽雑俎続集（ゆうようざっそ）』からの再話であることを論じる。

2．父への思いを語る『思い出草と忘れ草』

　この章で取り上げる The Flowers of Remembrance and Forgetfulness『思い出草と忘れ草』は、「日本昔噺」シリーズの no.22 として 1896（明治29）年に出版された。本文が 19 丁で、やや大型（19.5×14）のちりめん本である。表紙には、タイトルに続いて Told in English by Mrs. T. H. James とある。その下に Published By T. Hasegawa とあり、初版には 10 Hiyoshicho Tokyo Japan の住所表示がある。初版には出版年月日の記載がないが、後の版の奥付には「明治29年6月1日　第1版発行」とある。絵師は不明である[2]（口絵14ページ参照）。

　あらすじは以下のとおりである。
　昔、老人と二人の息子がいた。息子たちは父親をとても愛していた

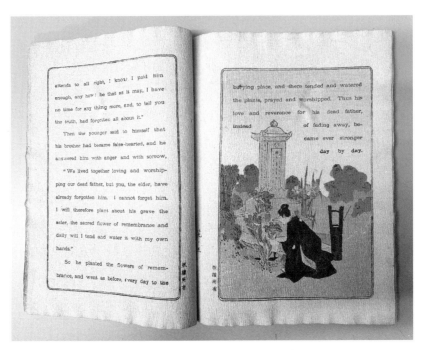

『思い出草と忘れ草』の本文より（四丁裏，五丁表）
（著者所蔵）

が、ある時、父が亡くなり、息子たちはとても悲しんだ。毎日、墓参をして、父が生きていた時のように日常の事などを話しかけた。しばらくして、兄は宮中に仕えるように命じられた。兄は「私は父が望んだように義務を果たそうと思う。これまでのように墓に来る事ができないので、"the lily of forgetfulness"（忘れ百合）を植えて庭師に世話をさせることにする」と弟に告げた。弟は、兄が墓に来なくなったことを悲しみ、「私は "the aster, the sacred flower of remembrance"（アスター、聖なる記憶の花）を植え、毎日墓に詣でて、自分で世話をしよう」と言った。

何年も経ったある日、墓の下から声が聞こえた。「驚くことはない。私は墓を守る精霊だ。お前は父を愛し、思い出に忠実だ。兄も父を愛し

ていたが、忘れ草（day-lily）を植えたので、父の思い出は薄れていく。お前は思い草（aster）を植えたので、父の思い出は新鮮だ。私は力のある精霊なので、お前が終生幸福に暮らせるように、お前が未来を予知できるようにしてやろう。」その後、弟は、次の日のことを夢で見て、どのようにふるまえばよいかが分かるようになり、豊かに、幸せに暮らした。

　この話では、day-lily を忘れ草、aster を思い草としている。辞書を引くと、day-lily は「キスゲ（ユリ科キスゲ属（Hemerocallis））の植物の総称」であり、aster は、「シオン属（Aster）およびこれに似たキク科植物の草本の総称」で、『思い出草と忘れ草』の表紙や挿絵も、キスゲと紫苑である。紫苑の日本の花言葉は「追憶」や「君を忘れない」で、花言葉の語源となった物語として、「今昔物語集巻第三十一第二十七兄弟二人殖萱草紫苑語（兄弟二人、萱草と紫苑とを植うる語）」が知られている。兄弟が父の死を悼む筋立てからみて、『思い出草と忘れ草』の原典である可能性が高いと考えられる。

3.『今昔物語集』の「兄弟二人殖萱草紫苑語」との比較

　『今昔物語集』は、平安時代後期に成立した日本最大の説話集で、芥川龍之介の『羅生門』をはじめとして、この説話集が近代文学に与えた影響は大きい。最後の巻第三十一は「本朝付雑事」で、世俗部（雑話や奇異性のある話を集めた巻）である。『今昔物語集』の活字による出版では、近藤圭造による 1882（明治 15）年のものに「兄弟二人殖萱草紫苑語」が収録されている。さらに 1890（明治 23）年に出版された、久米幹文評 山田稲子校『今昔宇治抄』にも「兄弟二人萱草紫苑を植る事」が収録されている。

「兄弟二人殖萱草紫苑語」のあらすじは以下である。

今は昔、〇国〇郡に住む人があった。男の子が二人いたが、父が亡くなり、兄弟は父の墓を守って、毎日、生きているように話しかけ、何年経っても父を忘れることはなかった。

次第に、子供たちは公に仕えて私事に心をかける暇もないようになったので、兄は悲しみを忘れたく思い、萱草（忘れ草）を墓の辺に植えた。その後は、弟がお墓参りに行きませんかと兄を誘っても、差しさわりが増えるようになった。弟は、兄さんはもう忘れてしまったけれど、私は親を恋う心を忘れない。紫苑という草をみると、心に思うことを忘れないそうだと、紫苑を墓の辺に植えたので、いよいよ忘れることはなかった。

このように年月が経ち、墓の内から屍を守る鬼の声が聞こえた。「恐れることはない。お前は年月が経っても父を忘れることはないので、お前を守ってやろう。兄はお前同様、恋い悲しんでいるように見えたけれども、忘れ草を植えて、忘れたいとの思いはかなっている。お前は紫苑を植え、親を恋う心が並々でないことにうたれた。私はその日のうちに生じる善悪を明白に予知することができるので、お前のために予知することがあれば夢で必ず教えてやろう。」[3]

その後、弟は起こることを夢にみたが、それは的中した。善悪を察知することもできた。父を恋う心が深かったからである。うれしいことがある人は、紫苑を植えていつもみるべきだ。憂いのある人は、萱草を植えて常に見なさいと語り伝えられている。

この内容を『思い出草と忘れ草』と比較すると、主な相違点としては以下がある。

(1)「兄弟二人殖萱草紫苑語」では、「此の子共公けに仕へ」とあり、兄弟とも宮仕えをしたとなっているが、『思い出草と忘れ草』では兄だけが宮仕えをしたとなっている。(the elder brother was appointed

to a high office in the Emperor's household.)
(2)『思い出草と忘れ草』では、兄はキスゲを植え、その世話をする庭師を雇うが、原典にはこの庭師を雇うというエピソードはない。
(3)『思い出草と忘れ草』では、「兄弟二人殖萱草紫苑語」にはない兄の気持ちの説明が記されている。例えば、"I shall be at liberty to attend to my business and my pleasure without any further troubles of responsibility."(「拙訳：私は、責任の煩わしさを一切感じることなく、自分の仕事や楽しみに専念できるでしょう」)のように、悲しみを忘れるためというよりも、仕事の支障になる墓参の義務から逃れるため、その上、庭師には十分な支払いをしているというビジネスライクな考え方が述べられている。
(4)『思い出草と忘れ草』では「鬼」を spirit と訳している。「日本昔噺」シリーズの他のジェイムス夫人の作品では、鬼は"ogre"(人喰鬼)となっていることが多いが、『思い出草と忘れ草』では精霊や妖精を思わせる"spirit"という表現を用いている。
(5)『思い出草と忘れ草』では、最後を"so that, in the end, he became fortunate, rich and happy"(拙訳：孝行な弟は、幸運で、裕福に幸せになりました)としているが、「兄弟二人殖萱草紫苑語」では「然れハ喜き事有らむ人ハ紫苑を殖て常に可見し憂へ有らむ人は萱草を殖て常に可見しとなむ語り傳へたるとや」と終わっている。

『思い出草と忘れ草』では「兄弟二人殖萱草紫苑語」にない内容を加えている個所が多く、また、最後の文言も異なっているが、全体の筋立てと登場人物には大きな違いはなく、『思い出草と忘れ草』の原典は『今昔物語集』巻第三十一第二十七「兄弟二人殖萱草紫苑語」であると考えられる。

ジェイムス夫人の翻案では、兄の不誠実さを強調し、孝行息子が妖精の助けにより、富を得て幸せになる、西洋風のおとぎ話となっているこ

とが大きな特徴となっている。

4.「忘れない」と「忘れたい」

『今昔物語集』の校注[4]によれば、この説話は歌論集である『俊頼髄脳』を出典としている。『俊頼髄脳』は、源俊頼によって書かれた歌論書で1113年に成立した[5]。ここでは、兄は「年月つもりて、おほやけにつかへ、わたくしを顧みるにも、たへがたき事どもありて（この状態が幾年にも及んだので、宮仕えのみであるから、このような私事の追憶であけくれていると、公務に差しさわりがあり心の負担が重すぎるようになった）」ために、悲しみを忘れたく思いキスゲを植えたとなっている。

忘れ草であるキスゲについては、『万葉集』に大伴家持（おおとものやかもち）が坂上大嬢（さかのうえのおおいらつめ）に贈った727「忘れ草わが下紐に着けたれど鬼の醜草言にしありけり」や3060「忘れ草我が紐につく。時となく思ひ渡れば、生けるともなし」、3062「忘れ草垣もしみみに植ゑたれど鬼の醜草なほ恋ひにけり」があり、キスゲは古来から、植えれば悲しみを忘れることができる「忘れ草」であるとされていた。『俊頼髄脳』は、この歌伝承の上に立つ説話とする。最後は「これを聞けば、紫苑をば、うれしき事あらむ人は、植えて常にみるべきなり。嘆く事あらむ人は、植うべからぬ草なり」としている。

非常に悲しく、つらい体験をした人の間では、その悲しみを「忘れない」と考える人々と、「忘れたい」と考える人もいるというのが現実であろう。特に、原典の『俊頼髄脳』の説明のように、かなわなかった恋を忘れたいと願うことは、今も昔も変わらない人の心である。そのために、「兄弟二人殖萱草紫苑語」では、あまりに悲しくつらいので父の死を忘れようと菅草を植えた兄を「物をあわれぶ心を持つ鬼」は「既に其の験を得たり」（其の思いはかなっている）として認めている。

一方、ジェイムス夫人の翻案では、兄の悲しみ方への理解はみられな

い。むしろ、忘れないことこそが孝行であるとの考えで、孝行な弟が幸せになるという筋を強調するために、物語を脚色していると考えられる。「兄弟二人殖萱草紫苑語」の解説では、「話の骨子は一般化すれば兄弟優劣の昔話に共通するものであろう」として、親の墓を守る末息子が幸せな結婚を果たすアファナーシェフのロシア民話と、母を亡くした二人の娘が、墓に草を植えて、一人は深く母を忍ぶ「忍草」、一人は深く恋慕する故に、忘れる隙もがな（忘れられたらいいなあ）と願い「忘草」と名付けたという『鷲林拾葉鈔(じゅりんしゅうようしょう)』の唐土の物語を挙げている[6]。後者は日本大蔵経に収められている説話で、「兄弟二人殖萱草紫苑語」に似通う考え方が表れている。

　ジェイムス夫人が聞いた元々の物語の詳細は分からないが、おそらくジェイムス夫人は、古代の和歌に話の起源を持つ日本的な「兄弟二人殖萱草紫苑語」を、世界の各地に伝わる兄弟姉妹の優劣を争う昔話に近づけ、孝行な息子が幸せになる話に単純化して再話したものと考えられる。蛇足であるが、「日本昔噺」シリーズのno.21とno.22は、いずれも父を忘れない孝行の息子の話である。一方、ジェイムス夫人の父、アーサー・ランキン(Arthur Ranken(1806-1886))は、末娘の帰国を待つことなく、1886（明治19）年に80歳で亡くなっている。亡き父を忘れない子供の物語を綴ることは、ジェイムス夫人にとって、父へのささやかな追悼であったのかもしれない。

　このちりめん本は、1933（昭和8）年にKarl FlorenzによりDie Blumen Treu-Gedenke-Mein und Vergessenheitとしてドイツ語に訳され、続いて1935（昭和10）年にJ. DautremerによりFleurs de Souvenance et Fleurs d'Oubliのタイトルでフランス語に訳され、出版された。フランス語版は、木版の挿絵は英語版と同一で、テキストには、先に述べた英語版の(1)〜(4)の特徴がすべてみられることから、ジェイムス夫人の英訳をそのままフランス語に翻訳したと考えられる。ドイツ語版に

ついては、所蔵館の解説に「ドイツ語版はこれを翻訳したもの」[7]とあり、英語版と同様の内容であることが推察できる。

5. 児童書などにみる「紫苑と忘れ草」

その後、1914（大正3）年に Rômaji bunko ; 1 no ma ki（羅馬字文庫一之巻）川副桜喬著『今昔物語』が、東京のローマ字ひろめ会から出版された。『今昔物語』からは10話が収録され、Ⅷが Wasure-Gusa to Shioni-gusa である。巌谷小波（いわやさざなみ）のはしがきによれば、この本は「羅馬字つゞり」の「おはなし」の本で、川副桜喬（かわぞえおうきょう）（川副佳一郎（かいちろう））が古い文体を今の文体に改めたとしている。実際、最初の"Yakusoku wo yabutta Kame no Hanashi"（巻五第二十四話　亀不信鶴教落地破甲語）をはじめ、各話とも読みやすい文体で、子供向けの表現に書き改められている。Wasure-Gusa to Shioni-gusa では、二人は毎日お父さんのお墓に美しい花をささげ、おいしい食べ物を供えて話しかけるお墓参りを欠かさなかったが、大きくなって二人とも役所に出るようになり、お墓参りばかりやっておるわけにはいかなくなったとしている。と言っても、父を思う心は消えないので、兄は人に勧められて胸の思いを忘れると言う忘れ草を墓の近くに植える。弟は兄を、心ひそかに疎ましく思い、兄は忘れても自分だけはと紫苑を植える。ある日、墓の中から鬼の声が聞こえ、弟は起こることが夢で分かるようになり、"Kore mattaku, oya wo omou fukai kokoro no tamamono de aru to iitsutae rarete imasu"（これ、まったく、親を思う深き心の賜物であると言い伝えられています）と終わり、原典の「然れハ喜き事有らむ人ハ紫苑を殖て常に可見し憂へ有らむ人は萱草を殖て常に可見しとなむ語り傳へたるとや」という最後の文章は略されている。川副佳一郎は、「兄弟二人殖萱草紫苑語」を単にローマ字しただけではなく、ジェイムス夫人と同様に、弟の孝行心

を強調し、その結果として幸せになるという翻案をしていると言える。

「兄弟二人殖萱草紫苑語」は、この後、1925（大正 14）年にイデア書院から出版された、門馬常次著 武井武雄画『こども今昔物語（児童図書館叢書）』に「兄弟二人萱草紫苑を植る事」として、戦後の 1957（昭和 32）年には、福村書店の木俣修著、太田大八絵『今昔物語（少年少女のための国民文学；11）』に「わすれ草と紫苑」のタイトルで再話されている。どちらの図書も、羅馬字文庫と同様に児童書である。

門馬常次の『こども今昔物語』では、原典の「兄弟二人殖萱草紫苑語」の意をくんで、鬼は「兄さんが思ひを忘れる草を植ゑたのも、お父さんが恋しくて忘れられないからだ。」「私はどっちもふびんに思ふ」と言い、最後には兄弟はともに幸せになる。ただし、最後の忘れ草と思い出草への言及は省略されている。

木俣修の『今昔物語（少年少女のための国民文学；11）』は、やさしい言葉遣いになってはいるが、内容は『今昔物語』の「兄弟二人殖萱草紫苑語」に忠実である。最後は「だからうれしいことを望む人は紫苑を植えて、いつもこれをながめているのがよろしいでしょう。また、心配ごと、悲しいことのある人は忘草を植えていつも見ているがよろしいと語り伝えたということです」と結んでいる。

6.『今昔物語』の翻訳と麻生武平が語った物語

さて、1896（明治 29）年に「日本昔噺」シリーズの no.22 として出版された『思い出草と忘れ草』の原典は、『今昔物語集』世俗部第 27「兄弟二人殖萱草紫苑語」であると考えられるが、前述したように、ジェイムス夫人の翻訳は、日本語の原典によるものではなく、各国語に翻訳されたお伽噺集などを参考にしていると考えられている。そこで、ジェイムス夫人が『今昔物語集』の各国語訳を参考にした可能性について検討

してみたい。

　「兄弟二人殖萱草紫苑語」に相当する話は、第3章で挙げた、日本の神話や昔話の翻訳集には収録されていない。一方、平安文学の翻訳については、1910（明治43）年の Michel Revon. *Anthologie de la Littérature Japonaise : des Origines au Xxe Siècle* の中で KONNJAKOU MONOGATARI（Contes d'il y a longtemps）としてフランス語で抄訳されたのが最初とされている。ただし、この中には、「兄弟二人殖萱草紫苑語」は収録されていない。

　したがって、『思い出草と忘れ草』が、すでに翻訳されたお伽噺集を参考にしている可能性はきわめて低いと考えられる。ジェイムス夫人版の『思い出草と忘れ草』は、『今昔物語集』の説話の翻訳としては、きわめて初期のものと考えられるだろう。

　今まで述べてきたように、ジェイムス夫人による「日本昔噺」シリーズの各話の多くは、当時、すでに出版されていた欧文の物語集などを参照した可能性が高いが、「兄弟二人殖萱草紫苑語」の原典については、1914（大正3）年にローマ字により出版された以前に翻訳されたという記録が見当たらない。『今昔物語』の日本語の活字本は明治に入り、出版されていたが、ジェイムス夫人は、日本の古典を読みこなすほどには、日本語の読み書きはできなかったと考えられている。このため、ジェイムス夫人は、日本人から聞いた話を再話した可能性も考えられる。

　一方、ジェイムス夫人の長女グレイス（Grace Edith Marion James (1882-1965)）は、日本での生活についていくつかの著作を残しており、その1冊の中で以下のように述べている。

> On the left was our landlord's house. He was a benevolent-looking old gentleman with a long white beard. He could speak a little English and used to come our house to tell my mother fairy stories. She wrote them down and afterwards

they were printed in little books of crepe paper with lovely pictures. I often sat quietly by, listening to Mr. Asso's long, long stories which were never too long for me. [8]
（拙訳：左側には、私たちの家主の家がありました。家主は、長い白いひげをたくわえた、やさしげな年取った紳士でした。彼は、英語を少し話すことができ、私たちの母におとぎ話を聞かせるために、よく家にやってきました。母は、それらの話を書き溜めておき、後に、その物語は、美しい絵の入った、ちりめん紙の小さな本に印刷されました。私は、よく、静かに座って、私にとっては決して長すぎることはない、アッソさんの、長い、長いお話を聞いていました。）

　グレイスのこの思い出の舞台となった家は、麻布の 41 番地、著名な詩人のエドウィン・アーノルド卿（Sir Edwin Arnold（1832-1904））が住んでいた日本家屋だったとも書かれている。前述したように、一家は 1893（明治 26）年に、麻布区今井町 41 番地（現在の六本木 2-1）に転居している。家主の麻生武平（1835-1907）は、慶應義塾卒、初代海軍機関学校校長を務め、海軍機関大監となった人物で、著作に『日本歴史図解　上世紀』がある。おそらくは、海軍の繋がりで、ジェイムス夫妻がこの家を借りたのであろう。資料に掲載されている [9] 麻生武平の肖像画を見ると、グレイスの記憶通りの長い白髭の紳士である（口絵 5 ページ参照）。グレイスの記憶が正しいとすれば、1894（明治 27）年以降にジェイムス夫人が出版した続「日本昔噺」シリーズ no.21 以降の作品は、これまで考えられていたように、ジェイムス夫人の創作ではなく、麻生武平からの聞き書きを再話したものであるという可能性が考えられる。
　グレイスは、成長後、民族学者として日本のおとぎ話集を出版し、同

時に児童文学者として、1935（昭和 10）年から 1963（昭和 38）年にかけて書き続けた児童書 John and Mary Series の中で、日本での思い出とおとぎ話について様々な形で語っている。特に、1957（昭和 32）年に出版した *John and Mary's Japanese Fairy Tales* では、麻布の家の家主であった麻生武平の思い出話を脚色したと思われる「おじさんの家主の Mr. Kojo」について説明している。

"and there was the funny old man with the long white beard …."

"Yes, indeed. Mr. Kojo, your uncle's landlord. He seemed to know every fairy tale that ever was told."

（中略）

"Did he tell his stories in English or in Japanese?" asked Granny.

"Well, it was English — sort of. His kind of English you know Granny. Miss Rose Brown wrote a lot of it down.[10]

（拙訳：「それから、長くて白いひげをはやした、おもしろいおじいさんもいたよ。」

「ええ、確かに。あなたのおじさんの家主のコジョーさんね。あの方は、いままでに語られた全部のおとぎ話を知っているようですよ。

（中略）

「コジョーさんは、英語で話したの？それとも日本語で？」と、おばあちゃまが聞きました。

「まあね、英語みたいなものだったよ。コジョーさん式の英語だよ、おばあちゃま。ローズ・ブラウン先生は、おとぎ話をたくさん書き留めたんだよ。」

この本では、JohnとMaryの短いエピソードに続いて、誰かが日本のおとぎ話を語るという設定になっていて、"The Mallet", "The Flute", "The Tea Kettle", "The Little Cub", "The Shippeitaro", "The Silly Jellyfish", "Princes Fire Flash and Fire Fade", " The Robe of Feathers", "The Tongue Cut Sparrow", "The Mercy of Kwannon", "The Wooden Bowl", "Matsuyama Mirror and Momotaro" の13話が紹介されている。

　コジョーさんの昔話のノートを取ったことになっているMiss Rose Brownは、住み込みのnursery governess（保母）で、主人公の子供達、JohnとMaryの教育係という設定である。Miss Rose Brownは、折に触れてノートを参照し、「おじさんの家主さんのコジョーさんから聞いた話」として、様々な日本のおとぎ話を語るのだが、時折、コジョーさんの話以外にも、誰かが以前、本で読んだお話や、『松山鏡』などGranny's story（おばあちゃまのお話）も語られる。

　この本でコジョーさんが語った昔話として最初に紹介される"The Mallet"は、ジェイムス夫人の「日本昔噺」第2シリーズno.2のThe Wonderful Mallet（『不思議の小槌』）と同じ内容の話である[11]。このため、少なくとも『不思議な小槌』はジェイムス夫人が麻生武平から聞いた話を書き直した可能性が高いと考えられる。

7.『不思議の小槌』とその原典

　The Wonderful Mallet（『不思議の小槌』）は、「日本昔噺」第2シリーズno.2として、1899（明治32）年に出版された。15丁で、約15×10cmのちりめん本である。表紙には、シリーズ名とタイトルに続いてTold in English by Mrs. T. H. Jamesとあり、絵師は不明である。その下にT. Hasegawa, publisher Tokyoとある。（口絵15ページ参照）

(前半) むかし、むかし、正直で善良な兄のカネと不誠実でけちな弟のチョウがいた。カネは貧しく、チョウは金持ちだった。ある時、不作に悩んだカネは、チョウに籾とかいこの卵を少し貸してくれるように頼む。強欲なチョウは、兄に虫の喰った米と死んだ蚕の卵を貸すが、カネが桑の葉を与えると、蚕は大きく育ったため、嫉妬したチョウは兄が留守の間に蚕を殺そうと二つに切ってしまう。帰宅したカネが桑の葉を与えると蚕は二倍に増える。それを見たチョウが自分の蚕を二つに切るとすべて死んでしまう。

(後半) 一方、稲が大きくなり、稲を食べようとする燕を追って疲れたカネが野原で寝込むと、子供たちが不思議な小槌をふって望みの物を出している夢をみる。子供たちが隠した小槌を見つけたカネは、小槌をふって、金や米や絹や酒を出し、金持ちになる。嫉妬したチョウは、米に来た燕を追って野原の岩の陰で寝たふりをする。そこにやって来た子供たちは、小槌がないことを怒り、チョウが盗んだと思って鼻を引っ張り伸ばす。かわいそうに思ったカネは小槌を奮ってチョウの鼻を元通りにしてやり、チョウは心を入れ替えて善人になった。

この話は、これまでジェイムス夫人の創作とされてきたが、後半の物語は、水木しげる『世界の妖怪百物語』p.60 の第35話「うちでの小づち」(朝鮮半島) とよく似ている。さらにインターネットの妖怪解説などから、この話の出典が『大語園』1 と『酉陽雑俎(ゆうようざっそ)』となっていることが分かった。巌谷小波 編『大語園』1 (平凡社, 昭和10) に掲載されている「82 打ち出の小槌」[12] では、新羅の国の旁㐌が、鳥を追って野宿し、子供たちの金の小槌を手に入れる。旁㐌は、国じゅうでいちばんの金持ちになり、幸福な一生をおくったと終わっていて、弟についての記述はない。この出典は、中国の古書である『酉陽雑俎』とされる。志田義秀(しだぎしゅう)は『日本の伝説と童話』の中で、『酉陽雑俎続集』の「金椎子の伝説(きんのつち)(金哥と旁㐌兄弟の説話)」を詳しく紹介している[13]。

第 6 章 麻生武平の語った物語　　181

『不思議の小槌』の本文より（十丁裏：鼻を伸ばす妖精たち）
（東京女子大学比較文化研究所所蔵）

　新羅の国の貴族に金哥・旁㐵という兄弟があった。兄の旁㐵は分家していたが、弟の金哥は意地悪で物惜しみをした。ある年、旁㐵が弟に蚕種と穀種を求めると、弟は両方を蒸して与えた。旁㐵が蚕を育てると一匹しか生まれなかったが、牛ほどの蚕になった。弟はうらやましがってその蚕を殺したが、百里四方の蚕が飛んできて糸がたくさん取れた。籾苗も1本生えたが、長さが一尺ほどもあり、旁㐵が大切に育てていると、ある時鳥が来て掴み去った。旁㐵は鳥を追い、鳥の飛び込んだ場所で眠ると、夜中に子供たちが来て遊び、金椎子で石を撃って欲しいものを出

して食べたり飲んだりした。旁㐌は金椎子を持ち帰り、金持ちになる。妬んだ弟に乞われて、旁㐌は弟に、蒸した蚕種と穀種を与えるが、蚕は普通と変わりないものが1匹だけ育ち、稲も1本生えたが、鳥が掴み去る。弟が鳥を追っていくが、多くの鬼がいて、金椎を盗んだことを怒り、鼻を抜き出して象のようにのばされ、恥ずかしさのあまりに死んでしまったという話である。

『酉陽雑俎』は唐の時代の成立で、志田義秀はこの金哥と旁㐌兄弟の説話と、瘤取り、舌切雀、花坂爺などの成立との関係を論じている。この説話は、おそらくは、日本に入り、様々な説話と入り混じって『宇治拾遺物語』などの様々な福富物語の源流となったのであろう。

『不思議な小槌』は、グレイスの記述から、ジェイムス夫人が麻生武平から聞いた話を書き直した可能性が高いと考えられる。ジェイムス夫人の再話は、『酉陽雑俎続集』の「金椎子の伝説（金哥と旁㐌兄弟の説話）」に近いが、兄弟の名前がやや異なり、鬼が登場せず、最後がハッピーエンドとなっている点が原典とは異なっている。一方で、『大語園』の「打ち出の小槌」のように、長い時間を経て、やや形を変えた話が各地に伝わっていた可能性もあり、どの部分がジェイムス夫人による変更であるのかを論ずることは、現時点では難しい。

原典が『酉陽雑俎続集』の話であるとすると、朝鮮の発生の説話だが、中国を経由して、日本に伝わり、日本の昔話に大きな影響を与えた話である。厳密には日本の昔話とは言い難いが、『因幡の白兎』や『松山鏡』で述べたように、インド発祥の話が日本に伝わって、物語となる例も多い。この話も、おそらくは、そうしたことも考慮した上で、「日本昔噺」シリーズに採用されたのであろう。

『不思議な小槌』は、1931（昭和6）年にレオポルデイネ・クナウエル（Knauer, Leopoldine（生没年不明））によるドイツ語版 Der wunderbare Hammer が出版されている。

なお、グレイスはこの話を大変気に入っていたらしく、*John and Mary's Japanese Fairy Tales* 以外にも、1910（明治43）年に Macmillan から出版した *Green Willow and Other Japanese Fairy Tales*（後に *Japanese Fairy Tales* に改題）に、"The Mallet" のタイトルで再話している。

8.『壊れた像』のばけものたち

The Broken Images（『壊れた像』）は、「日本昔噺」第2シリーズの no.3 として、1903（明治36）年に出版された。15×10cmのちりめん本の他、平紙本がある（口絵15ページ参照）。

あらすじは以下のとおりである。

昔、京都の近くに、読書が好きな物静かな六郎と、狩りなどが好きな明るい八郎の仲の良い双子がいた。ある日、鞍馬の古書市に出かけた六郎は嵐にあい、荒れた寺で雨宿りをする。年老いた僧がやさしく迎えてくれたが、二人で話をしていると、数十人のばけものたちが部屋に入って来た。黒い者や赤い者、鼻や耳のない者がいた。そのうちの一人がまじないを唱えると部屋に黒雲がわき、竜が現れた。僧が平然としていると、ばけものたちはそれぞれ静かに昔語りを始める。突然、一人が「暴れ者の八郎が来るぞ」と叫び、僧もばけもの物たちも消え失せる。六郎は、床下に隠れるが、やって来たのは六郎を探しに来た八郎だった。朝になって、周りを探すと、庭の隅に壊れた像がたくさんあった。黒い像や赤い像、鼻や耳の欠けた像もあった。六郎が「僕が昨夜みたものはこの像だったんだ」というと、八郎は「お前の空想さ。帰って朝ご飯を食べよう」と笑った。

絵師は不明だが、柔らかな雰囲気の挿絵で、ばけものも絵巻物風でおどろおどろしいところがなく、古い仏像や古い中国の像なども品よく美しく描かれている。

石澤小枝子は、この話を抄訳し、「日本の風景、日本人の心性も盛り込んでいる。化け物を書いても品を失わないのがいいし、何より兄弟の仲の良さが気持ちよい。娘たちに聞かせた創作だろう[14]」としている。しかしながら、これまで見てきたように、石澤がジェイムス夫人の創作とした「日本昔噺」シリーズのno.21以降と2nd Seriesの3話は、全て原典があることは明白であり、『壊れた像』だけがジェイムス夫人の創作である可能性は低いのではないかと思われる。

　昔話や民話には、雨や嵐を避けて荒れた寺に泊まったところ、夜中にばけものが現れるが、朝になって日光の中で見ると、蜘蛛や狸、あるいは古下駄や様々な道具類などであったという話があり、「ばけもの寺」という昔話の型に分類されている。特に、道具（器物）の類がばけものになる場合は、付喪神（つくもがみ）と呼ばれている。「付喪神記」[15]には、「陰陽雑記云、器物百年を経て、貸して精霊を得てより、人の心を誑（たぶらか）す、これを付喪神と号すといへり」とあり、『百鬼夜行絵巻』など、様々な絵巻物が伝わっている。ただし、道具の化け物などは、外国にはあまりみられないと志田は述べている[16]。日本の場合は、古くからの樹木信仰が仏教と結びつき、「非情草木成仏」、法華経の「草木国土悉皆成仏」の信仰となり、さらに『今昔物語』などでは、水の精などの無機物のような精も生じたとされている。

　ところで、壊れた像を見つけた時、六郎は以下のように言っている。

　"I have read of these images," said Rokuro in an awestruck voice, "They are said to be, more than a thousand years oil; perhaps the spectres I saw last night were these very images"
　（拙訳：「これらの像については読んだことがある」と六郎は畏敬の念を込めた声で言った。「千年以上前のものだと言われている。昨夜見たばけものは、まさにこの像だったのかもしれない」）

　この言葉は、八郎に笑い飛ばされるのだが、六郎が見たものが付喪神

第 6 章　麻生武平の語った物語　　185

『壊れた像』の本文より（七丁裏・八丁表：住職とばけものたち）
（東京女子大学比較文化研究所所蔵）

だったという設定であるとすれば、『壊れた像』は日本の説話か昔話を原典とする可能性が大きいと思われる。同時に、ジェイムス夫人は、こうした日本人の付喪神への信仰心をある程度理解した上で、再話を行っていたと考えられる。

　1931（昭和 6）年にレオポルデイネ・クナウエルによるドイツ語版 *Die zerbrochenen Bildsäulen* が刊行されている。英語版の裏表紙は、蜘蛛の巣を描いていたが、国立国会図書館が所蔵するドイツ語版では、紅葉になっている。

　「続日本昔噺（大判）」シリーズと「日本昔噺」第 2 シリーズのジェイムス夫人の作品は、これまで創作であるとされてきたが、『三つの顔』、『思

い出草と忘れ草』、『不思議の小槌』は、それぞれ原典を確認することができた。また、ジェイムス夫人の長女のグレイスの追憶から、これらの物語は、麻生武平が英語で語り、ジェイムス夫人が再話した可能性が大きいと思われる。最後の『壊れた像』についても原典が明らかになることが望まれる。

〈注〉

[1] アン・ヘリング「国際出版の曙―明治の欧文草双紙」福生市郷土資料室編『ちりめん本と草双紙：19世紀後半の日本の絵入本 特別企画展』福生市教育委員会 1990. pp.21-44. https://www.lib.fussa.tokyo.jp/digital/digital_data/literature/pdf/0608/0001/0006.pdf（参照 2024-12-18）

[2] 石澤小枝子『ちりめん本のすべて：明治の欧文挿絵本』三弥井書店 2004. p.62 には「絵師が新井芳宗」とあるが、管見の限りでは確認できなかった。

[3] 阪倉篤義他校注『今昔物語集本朝世俗部四』（新潮日本古典集成＜新装版＞）新潮社 2015.p.315〜317.

[4] 前掲書, p.315.

[5] 橋本不美男他 校注・訳『歌論集』小学館 1975（日本古典文学全集；50）.

[6] 阪倉篤義他 2015.p.376.

[7] 「文明開化期のちりめん本と浮世絵：学校法人京都外国語大学創立60周年記念稀覯書展示会：展示目録」https://www.kufs.ac.jp/toshokan/chirimenbon/b_24.html　（2022年6月6日参照）

[8] James, Grace. *John and Mary's Aunt*. London: Frederick Muller, 1950. pp.260-261.

[9] 「麻布の軌跡　麻布の家1　米国人画家の来日」『ザ ASABU』港区麻布総合支所28号 2014年6月26日. p.6. https://www.city.minato.tokyo.jp/azabuchikusei/azabu/koho/documents/azabu28-j.pdf（2024-12-04 参照）

[10] James, Grace. *John and Mary's Japanese Fairy Tales*. London: Frederick Muller, 1957.p.22
[11] Ibid.
[12] 巌谷小波 編『大語園』1 平凡社 1935. 国立国会図書館デジタルコレクション https://dl.ndl.go.jp/pid/1772897（参照 2024-12-04）
[13] 志田義秀『日本の伝説と童話』大東出版社 1941. 国立国会図書館デジタルコレクション https://dl.ndl.go.jp/pid/1453466（参照 2024-12-04）
[14] 石澤小枝子　2004. p.79
[15] 横山重 編『室町時代小説集』昭南書房 1943 pp.73-85. 国立国会図書館デジタルコレクション https://dl.ndl.go.jp/pid/1129666（参照 2024-12-06）
[16] 志田義秀「童話文福茶釜の研究1」『東亜の光』5（9）東亜協会 1910-09. 国立国会図書館デジタルコレクション https://dl.ndl.go.jp/pid/1591446（参照 2024-12-06）

【コラム】
6. バジル・ホール・チェンバレンの Aino Fairy Tales（「アイヌおとぎ話集」）

　日本研究者として名高く、東京帝国大学文学部名誉教師となったバジル・ホール・チェンバレン（Basil Hall Chamberlain（1850-1935））は、アイヌ語や琉球語の研究書も残している。

　1886（明治19）年に北海道の幌別を訪れたチェンバレンは、収集した50以上のアイヌ民話を英訳した *Aino Folk-tales* を1888（明治21）年に（イギリス）民俗学会の私家版として刊行した。一方、弘文社からは、Aino Fairy Tales（『アイヌ昔話集』）と名付けた3冊の挿絵本を出版してボストンの Ticknor & Co. から発売した。

　1887（明治20）年刊行の no.1 *The Hunter in Fairy-Land*（『不思議の国の狩人』）と no.2 *The Bird's Party*（『鳥たちの宴』）、そして1889（明治22）年刊行の no.3 *The Man Who Lost His Wife*（『妻をなくした男』）である。

　いずれもちりめん本よりはやや大きい平紙本で、no.1 の奥付には "First told in English by B. H. Chamberlain" とあり、子供を意識した再話である。挿絵の画家は no.3 にのみ小林永濯と記されているが、3冊すべてにチェンバレンの採取メモではないかと思われる、説明入りのアイヌの弓矢や装身具、家屋などのスケッチが使われていて、非常に興味深い。

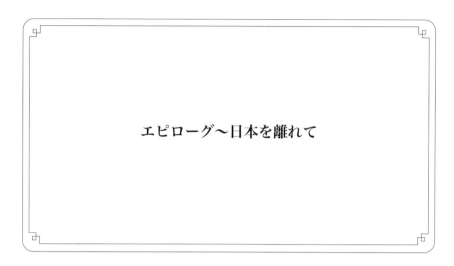

1.『欧米美術行脚』にみるジェイムス一家のその後

　ジェイムス夫人（Mrs. T. H. James、または Kate James, 1845-1928））について触れている文献では、1895（明治28）年の帰国後の消息は分からないとなっている。

　夫トーマス・ジェームス（Thomas Henry James (1840-1910)）については、公文書等に若干の記録が残されている。トーマスは、1897（明治30）年1月から1907（明治40）年4月まで日本郵船ロンドン支店の支店長を務め、高齢により退職したが、この間に日本政府から3回叙勲を受けた記録が残っている。「英国人勲三等トーマス、ヘンリー、ゼームス勲章下賜ノ件」の文書[1] によれば、トーマスが長年日本に尽くしたとして、帰国した年の1895（明治28）年12月に勲三等瑞宝章、さらに、1902（明治35）年の軍艦浅間・高砂の英国巡行の際に斡旋の労があったとして、1903（明治36）年に旭日中授章を叙されている。なお、1908（明治41）年にも、日本郵船ロンドン支店長として、日露戦争中

に兵器等の秘密運搬により海軍に貢献したとして、勲二等瑞宝章が叙されている[2]。

　小山騰(こやまのぼる)は、一家が英国に帰国した 1895（明治 28）年以降の夫人の詳しい消息は分からないとしてはいるが、帰国後の夫妻の住居や子供たちのその後の消息などについて記している[3]。それによれば、1901（明治 34）年の 4 月には、夫妻は次女で当時 13 歳のエルスペス・ジェイムス（Elspeth Iris Fraser James(1887-没年不明)）とともに、ロンドンのパーリーに住んでいた。その後、トーマスが亡くなった 1910（明治 43）年には、おそらく、長女のグレイス（Grace Edith Marion James（1882-1965））が住んでいたケントのエデンブリッジの Trevereux に住んでいたのであろうとしている。グレイスは帰国後、チェルトナム・レイディーズ・カレッジで学んだ後、1905（明治 38）年、23 歳の時にオクスフォード大学のセント・ヒルダズ・カレッジに入学が認められ 1907（明治 40）年まで英文学を学んでいた。

　一方、ジェイムス夫妻を忘れない日本の友人もいた。小山騰からの情報によれば、第 1 章で紹介した増島六一郎(ますじまろくいちろう)（1857-1948）は、自身が創設者の一人であった東京吉利（イギリス）法律学校（中央大学の前身）の卒業生の桑原羊次郎（1868-1955）が、1910（明治 43）年にロンドンで開催された日英博覧会のためにロンドンに出かける際に、ジェイムス一家と連絡を取るように要請したようである。島根大学付属図書館が、インターネットで公開している桑原の資料の一つに、手書きの日記体の桑原雙蛙(くわばらそうあ)（羊次郎）著『欧米美術行脚』（全 12 巻）[4]がある。その 3 巻 p.285、9 月 25 日に「ゼームス未亡人訪問」があり、安部成嘉(あべなりよし)とともに一家を訪問したことが書かれている。トーマスはこの年の 4 月に亡くなっていて、桑原は「航海中に逝去」と記している。安部成嘉は、横濱正金銀行のロンドン支店の副支配人で、トーマスとは友人だった。二人はビクトリアステーションから汽車に乗り、エデンブリッジで下車

し、馬車で Mrs. James Trevereux, Edenbridge, Kent に向かった。増島の友人で、やはりお雇い外国人であったフランシス・ヘンリー・トレビシック（Francis Henry Trevithick（1850-1931））と二人の子供も同席し、ジェイムス夫人と二人の娘と昼食をともにしている。邸内には、日本から持ち帰った蒔絵や河鍋暁斎（かわなべぎょうさい）の屏風が飾ってあったという。いくつかの部屋は十四、五年前に増築したものだが、食後に案内された大暖炉のある一部屋は1588（天正6）年に建築されたもので、一家はこの古い部屋を誇りに思っている様子だった。「地面は我九町許の大邸也」と書かれている。屋敷の前で撮影した、グレイスとエルスペスと一緒の写真も添えられている。桑原はまた、10月1日に、博覧会の会場でジェイムス夫人の息子のアーサー・ジェイムス（Ernest Arthur Henry James（1883-1944））にも会っている。この後間もなく、グレイスとケイトはStonehill House, Abingodon, Berkshire（現在のオクスフォードシャー）に移住した。

桑原はフランス、ドイツを経て、1911（明治44）年に開催されたイタリアの博覧会にも役員としてローマで勤務した。ジェイムス一家の次女のエルスペス（Elspeth Iris Fraser James（1887- 没年不明））は、この年にイタリアの外交官のCavalletti侯爵と結婚している。ジェイムス一家は結婚式のためにイタリアに滞在していて、桑原もジェイムス夫人のイタリアの家を訪ねている。ジェイムス夫人に聞いたところ、ローマから電車で1時間ほどのチヴォリ（Tivoli、ティヴォリ）に家を借り、毎年夏に滞在していたところ、次女が婚約の運びになったと書いている。桑原が書いているように、ティヴォリには風光明媚で美しい大瀑布があり、ローマ時代からの有名な別荘地である。英国の大邸宅に住み、ティヴォリの別荘で夏を過ごす、帰国後のジェイムス一家の豊かな生活を、桑原の記述から垣間見ることができる。

はるか海の向こうの国に出かけて、富を得て帰国する―ジェイムス夫

妻は若い日の夢を実現したのであった。

2．グレイスによる「日本のおとぎ話」の伝承

　グレイスは 1910（明治 43）年に *Green Willow and Other Japanese Fairy Tales*（拙訳：『青柳物語とその他の日本のおとぎ話』、以下『青柳』と略す）を London の Macmillan 社から出版した。縦 30㎝、280 ページほどの大判の書籍で、Warwick Goble による 40 枚のカラー挿絵入りの美しい本だった。

　『古事記』をはじめ、小さな時に乳母や同級生から聞いた物語など、様々な原典から計 38 話が再話され、巻頭の Green Willow は、ラフカディオ・ハーン（Lafcadio Hearn, 小泉八雲（1850-1904））の Kwaidan（『怪談』）の "The Story of Aoyagi"「青柳のはなし」からの再話である。『青柳』には「日本昔噺」シリーズからは 10 話を収録している。母、ジェイムス夫人の翻訳した "The Matsuyama Mirror"（『松山鏡』）が、母への謝辞とともにそのまま収録され、その他 9 話は、グレイスが手を加えて再話したものである。（（　）内は「日本昔噺」シリーズの著者と日本語のタイトル）

　　"The Tea-Kettle"（ジェイムス夫人『文福茶釜』)
　　"Reflections"（ジェイムス夫人『三つの顔』）
　　"The Story of Susa, the Impetuous"（チェンバレン＊『八頭ノ大蛇』）
　　"The Mallet"（ジェイムス夫人『不思議の小槌』）
　　"Urashima"（チェンバレン『浦島』）
　　"Momotaro"（タムソン＊＊『桃太郎』）
　　"Broken Images"（ジェイムス夫人『壊れた像』）
　　"The Tongue-Cut Sparrow"（タムソン『舌切雀』）

"Hana-saka-Jiji"（タムソン『花咲爺』）
＊バジル・ホール・チェンバレン（Basil Hall Chamberlain (1850-1935)）
＊＊ディビッド・タムソン（David Thompson (1835 – 1915)）

　この書籍は好評で、1912（大正元）年にはやや小型（縦22㎝）で231ページ、挿絵が16枚のNew edtionが出版され、版を重ねた。
　母ジェイムス夫人の日本のおとぎ話は、娘のグレイスへと継承され、グレイスは日本を研究する民俗学者となった。

3．ハーンの『日本のおとぎ話』

　Japanese Fairy Tales は、1918（大正7）年にニューヨークのBoni and Liverightから出版された。最初のページには、"The versions of the first four tales in this volume are by Lafcadio Hearn. The others are by Grace James, Professor Basil Hall Chamberlain, and others." （拙訳:「この版の最初の四つの話はラフカディオ・ハーンによるものである。その他の話は、グレイス・ジェイムス、バジル・ホール・チェンバレン、その他による」）とある。
　この本には20話が収録されている。内訳は、「日本昔噺」シリーズからハーンの4話と他9話、グレイスの『青柳』から7話である。（（　）内は、「日本昔噺」シリーズの著者と日本語のタイトル）
　"Chin-Chin Kobakama"（ハーン『ちんちん小袴』）
　"The Goblin-Spider"（ハーン『化け蜘蛛』）
　"The Old Woman Who Lost Her Dumplings"（ハーン『団子をなくしたおばあさん』）
　"The Boy Who Drew Cats"（ハーン『猫を描いた少年』）

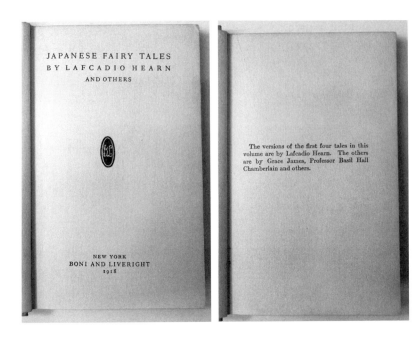

Japanese Fairy Tales（Boni and Liverright, 1918）の巻頭ページ（著者所蔵）

"The Silly Jelly-Fish"（チェンバレン『海月<ruby>くらげ</ruby>』）
"The Hare of Inaba"（ジェイムス夫人『因幡の白兎』）
"Shippeitarō"（ジェイムス夫人『竹箆太郎<ruby>しっぺいたろう</ruby>』）
"The Matsuyama Mirror"（ジェイムス夫人『松山鏡』）
"My Lord Bag-o'-Rice"（チェンバレン『俵の藤太』）
"The Serpent with Eight Heads"（チェンバレン『八頭の大蛇』）
"The Old Man and the Devils"（ヘボン『瘤取』）
"The Tongue-Cut Sparrow"（タムソン『舌切雀』）
"The Wooden Bowl"（ジェイムス夫人『鉢かづき』）
"The Tea-Kettle"（グレイス『青柳』「文福茶釜」）
"Urashima"（グレイス『青柳』「浦島」）

"Green Willow"（グレイス『青柳』「青柳物語」）
"The Flute"（グレイス『青柳』「横笛」）
"Reflections"（グレイス『青柳』「三つの顔」）
"The Spring Lover and the Autumn Lover"（『青柳』「秋の恋人と春の恋人」）
"Momotaro"（グレイス『青柳』「桃太郎」）

　現在では、ハーンの著作とされるこの本は、実際は、「日本昔噺」シリーズと、それに影響を受けたグレイスの著作からの抜粋である。ハーンは1904（明治37）年に没し、死後徐々にその名声は高まっていたが、チェンバレンはハーンの残された家族の経済的な状況に心を砕いていたことが、ハーンの子息の記述からうかがえる[5]。1911（明治44）年にはチェンバレンも帰国し、その後スイスに移住していた。この本の著者に関する記述からは、チェンバレンが、グレイスや、おそらくは、まだ健在だったジェイムス夫人と相談のうえで出版したように思える。さらに、グレイスの『青柳』の初版は美しい挿絵入りの豪華本だったが、この本には挿絵はない。長谷川武次郎の「日本昔噺」シリーズの13話が本文のみで提供されたのであり、おそらくは、長谷川武次郎の許諾のもとで出版されたのではないかと想像できる。

4．アーサー・ジェイムスとピゴットの友情

　第1章で述べたように、ジェイムス夫人の長男アーサーは、ロイ・ピゴット（Francis Stewart Gilderoy Piggott, CB (1883-1966)）と親しくなり、この関係は二人が英国に帰国してからも続いた。アーサーの消息は、ロイ・ピゴット著『断たれたきずな』（時事通信社 1951）で知ることができる。

『断たれたきずな』(時事通信社 1951)
(著者所蔵)

1895（明治28）年に帰国したアーサーは、同年、父の任地から帰国したピゴットとウェイマスのコンノート・ハウス（プレップスクール）で再会した。二人は、1897（明治30）年に奨学資金を獲得して、チェルトナム・カレッジ（パブリック・スクール）に進学し、その後、ウーリッジの陸軍士官学校へ入学した。卒業後はチャタムの陸軍工兵学校へ入学し、卒業後に工兵将校となった。二人は休暇を一緒に過ごし、トーマスの叙勲の理由となった軍艦「浅間」を訪問している。ピゴットは1902（明治35）年に、アーサーは、その1年後に任官し、以後20年間二人の進路は別々になる。

　1904（明治37）年には日露戦争が勃発した。英国では親日感情が高まり、陸軍では志願者が1カ年日本語を習った後で、日本陸軍に配属されることになった。彼らは、語学将校と呼ばれた。ピゴットも申し込み、間もなく日本へ出発した。グレイスが遊び相手を務めた青木周蔵子爵の令嬢ハンナは、美しく成長して、この年の12月にドイツ公使館のハッツフェルト伯爵と結婚式を挙げた。ピゴットがその後、陸軍武官候補生として1911（明治44）年から1913（大正2）年にかけて日本に滞在した頃には、7名の英国陸軍士官が日本で日本語を学んでいた。その一人が、アーサー・ジェイムスだったが、アーサーの来日は1913（大正2）年でピゴットは離日した後だった。アーサーは、1910（明治43）年3

月にロンドンで Edith Mary Cox と結婚していた。アーサーはこの後、1914（大正3）年に始まった第一次世界大戦中には、トルコのガリポリ半島とメソポタミアで勤務し、1918（大正7）年には、他の語学将校3人とともにイギリス軍使節団の一員としてシベリアで勤務していた。1923（大正12）年には、アーサーは天津でイギリス工兵隊の指揮官兼日本軍司令部との非公式連絡係を務めていて、ピゴットと20年ぶりに再会している。1927（昭和2）年3月の南京事件の際には、アーサーは上海防衛軍の一員だった。こうした経歴から、ピゴットは、「かれ程日本人と深く交わり、また中国人にも知己の多いイギリス将校はめったにいない（中略）かれはよく日本人と中国人といずれを選ぶかと質問を受けたものだが、その時にはいつもきまって「中国人の中には日本人よりもいい人間がいるし、また日本人の中には中国人よりもいい人間がいる」と答えてすましていた」と書いている[6]。

5. アーサーの東京赴任とグレイスの東京再訪

小山騰によれば、ジェイムス夫人は、夫トーマスの死後、Stonehill House, Abingodon, Berkshire（現在のオクスフォードシャー）にグレイスとともに移り住んだ。イタリアの外交官 Cavalletti 侯爵と結婚したジェイムス夫人の次女エルスペスは、1915（大正4）年にここで娘の Maria を出産している。ジェイムス夫人は、1928（昭和3）年12月29日に Stonehill House, Abingodon, Berkshire で83歳で死去した。母の死後、グレイスは Cutts End, Cumnor, Berkshire（現在のオクスフォードシャー）に移っている[7]。

大佐になっていたアーサー・ジェイムスは、1932（昭和7）年6月20日に在東京大使館付武官に任命され、家族とともに来日した。1934（昭和9）年、52歳になったグレイスは東京のアーサーを訪ねている。

来日前にグレイスは「お前の覚えている東京はたぶん、もうない。11年前の関東大震災と、しょっちゅう起こる火事のせいで、東京はすっかり建て替えられているに違いない」と自分に言い聞かせていた。「芝のお寺は？」とこわごわと聞いたグレイスに、アーサーは「ありがたいことに無傷だよ。地震の影響は部分的だったんだ。芝地区のほとんどは、お寺と将軍廟のあたりまで、美しい公園になっているよ。お寺は完全に修復されたし、庭も整えられて、きれいな木々も昔通りだよ」と答える。「古い東京のどこかが残ってくれていて、うれしいわ」とグレイスは安堵のため息をついた[8]。「グレイス、銀座に行かなくちゃ。銀座を覚えているだろう」アーサーの案内で懐かしい場所と、新しい東京を見た後で、グレイスが旧知の川村鉄太郎に連絡を取ると、伯爵となっていた川村はグレイスとアーサー夫妻を茶の湯と能に招いて歓待した。

　アーサーは、1936（昭和11）年の二・二六事件を経験し、5月17日に後任のピゴットと交代して帰国した。この頃、日英関係は悪化の道をたどっていた。

6. *Japan, Recollections and Impressions* に込めた思い

　訪日後、帰国したグレイスは、1936（昭和11）年にロンドンのGorge Allen & Unwinから、*Japan, Recollections and Impressions* を出版した（口絵16ページ参照）。この本は、3部構成になっている。

　　Part 1: Recollections of Tokyo (1885-1895)
　　Part 2: Japan Revisited 1934
　　Part 3: Impressions and Conclusions

　この本のPart 1では、ジェイムス一家の目を通して、明治時代（1885-95年）の東京での生活を描写している。12歳までの記憶と父母から聞いて心に残る話から構成されていて、本書の第1章の多くのエピ

ソードはこの Part 1 を参照している。Part 2 では、1934（昭和9）年に再訪した日本の印象に加えて、日本の日々の生活と、「幽霊話」や「狐の話」などが紹介され、昔からの庶民の信仰や風習などが人々の生活の中に生き残っていることが説明されている。川村鉄太郎に案内された茶の湯や能にも触れており、グレイスの目から見た日本文化の紹介となっている。挿絵の代わりに、新聞などから選んだ15枚の写真が説明文とともに掲載されている。

なお、グレイスは、1933（昭和8）年に、アーサーがすでに会員になっていた Japan Society of London に加入していた。その会報に掲載した講演録 "Early Recollections of Tokyo" と "Japanese Ghost" がこの本の出版に際して収録された。

日本に生まれて12年を東京で過ごしたグレイスは、著書の中で、日本で過ごした幼少期を "Child's Paradise"（「子供の楽園」）と呼んでいる。日本に親しみ、幸福な少女時代を過ごし、成人後は、日本のおとぎ話を研究テーマとして、日本人の物の考え方に寄り添う努力を続けてきたグレイスにとって、国際情勢の悪化は、気がかりであったろう。父母の世代が、日本と結んだきずなを後世に伝え、日本人の物の考え方や長所を英国の人々に伝えたい、この本は、そうしたグレイスの願いにより書かれたように思われる。

7. John and Mary シリーズによる日本のおとぎ話の伝承

Japan, Recollections and Impressions を刊行する前年の1935（昭和10）年、グレイスは児童書 *John and Mary* を出版した。Mary Gardiner の挿絵が印象的なこの本は好評を博し、第一次世界大戦後の1960年代まで、John and Mary Series として20冊が出版された。グレイスのこのストーリーの主人公のモデルは、甥の Giovanni Cavaletti と姪の Maria

Cavalettiである。物語の中で、JohnとMaryは、バークシャーの祖母 Mrs. Hawthorneの家 'Smockfarthing' に、伯母のPushとともに住んでいる。Mrs. Hawthorneのモデルはジェイムス夫人で、Pushのモデルはグレイス自身、'Smockfarthing' のモデルは Stonehill House である。JohnとMaryの母は英国人、父はイタリア人で、JohnとMaryは祖母と英国に住んでいるが、時おりは、父母と一緒にイタリアで生活する。二人のおじとして登場する 'Uncle Jumpy' はアーサーがモデルである。アーサーは幼少期、Dumpyと呼ばれていた。

　John and Maryでは、随所に「あなたたちのお母さんが小さかった時」のような思い出話がちりばめられている。特に、このシリーズの1冊 John and Mary's Aunt（1950）は、グレイスが東京で暮らした少女時代の思い出が書かれている。この本のPrefaceで、グレイスは以下のように述べている。

　　This book [John and Mary's Aunt] is true and the people in it is are REAL. It is about the time when I lived in Japan and it ends when I was twelve years old and we all came to England. （拙訳：この本（ジョンとメリーのおばさん）は真実で、登場する人たちは本物です。私が日本に住んでいた時のことで、私が12歳の時に日本での生活は終わり、私たちはイギリスに帰ってきました。）

　この本には、娘からみた母ジェイムス夫人のことが多く書かれているので、本書の第1章をはじめ、いくつかの章で、これらのエピソードを参照し、紹介した。

　また、同シリーズの *John and Mary's Japanese Fairy Tales*（1957）では、各章に日本のおとぎ話の名前がつけられ、JohnとMaryをめぐる様々な出来事があった後、祖母や家庭教師によって、その日本のおとぎ話が

エピローグ 201

John and Mary（Frederick Muller, 1935）のトビラ
（著者所蔵）

語られる。
 第1章 "The Mallet"（「不思議の小槌」）
 第2章 "The Flute"（「横笛」）
 第3章 "The Tea-Kettle"（「文福茶釜」）
 第4章 "The Little Cub"（「野干の手柄」）
 第5章 "Shippeitarō"（「竹箆太郎」）
 第6章 "The Silly Jellyfish"（「海月」）
 第7章 "Princes Fire Flash and Fire Fade"（「玉の井」）
 第8章 "The Robe of Feathers"（「羽衣」）

第 9 章　"The Tongue-Cut Sparrow"（「舌切雀」）
第 10 章　"The Mercy of Kwannon"（「観音の慈悲」）
第 11 章　"The Wooden Bowl"（「鉢かづき」）
第 12 章　"The Matsuyama Mirror and Momotaro"（「松山鏡」と「桃太郎」）

いずれも、作中のエピソードにあわせ、子供向きに分かりやすく書き直している。随所に『古事記』をはじめとする様々な原典の知識を加味、脚色し、分かりにくい日本の風物についても説明している。さらに、6章でも述べたように、「おばあちゃまのお話し」「コジョーさんから聞いたお話し」のような説明がなされている。子供たちは、お話の途中でも自由に質問し、感想を述べる。例えば『鉢かづき』では、鉢かづきのような奇妙な格好をしたものが裏の戸をたたいたら？という問いかけに、以下のようなやり取りが続いている。

　"I know what Granny would say," cried Mary, stoutly. "She would say, 'Come in, poor girl with the black bowl, sit down and rest. You shall have some bread and butter and a nice cup of cocoa and then we will see what we had better do next.'"
　"Ah," said Miss Rose Brown, "there are not many people like your Granny."
　"There's nobody like Granny!" cried John.
　"I think we had better get on with the story," said Grany, quietry.[9]
（拙訳：「おばあちゃまが何を言うか、私には分かるわ」とマリーは力強く叫んだ。「きっとこう言うわ。入って、黒い鉢をかぶった、かわいそうな子。座って、お休みなさい。バター付パンを食べて、

おいしいココアを飲みましょう。それから次に何をするかを考えましょう」
「あなた方のおばあちゃまのような方はそうはいませんわ」とローズ・ブラウン先生が言った。
「おばあちゃまのような人はいないよ」とジョンも叫んだ。
「お話を続けた方いいと思うわ」とおばあちゃまが静かに言った。)

この物語の最後は、"We're off to the Ogres' Island!"（拙訳：「鬼ヶ島に出発だ！」）と叫ぶ元気な子供たちの声で終わっている。グレイスは、孫たちに囲まれて、日本の昔話を楽しむ幸せな母、ジェイムス夫人の姿を物語に残したのだった。

8. まとめ

　1885（明治18）年から出版された弘文社の木版挿絵本「日本昔噺」シリーズは、最初は小学校の外国語の教科書として企画されたが、ちりめん紙を使用したちりめん本（crepe-paper books）が海外に好評のうちに迎えられ、海外の出版社と提携して販売する最初の国際出版となった。

　「日本昔噺」シリーズは、英語版をもとに翻訳されて、最終的には10言語で出版された。一流の絵師たちによって描かれ、高い技術によって摺られた挿絵と、ちりめん加工を施された和紙の独特の手触りと美しい装丁、翻訳者にハーンやチェンバレンなどの著名なお雇い外国人がいたことによって、「日本昔噺」シリーズは現在でも高く評価されている。

　「日本昔噺」シリーズの英語版には、1st Seriesの差し替えを含む21話とそれに続く大型版5話、2nd Seriesの3話の他に、のちに刊行されたハーンの1話の合計30話があり、このうちの14話を翻訳したの

がジェイムス夫人であった。ジェイムス夫人はこの他に「日本昔噺」シリーズを手直しした教科書版の『桃太郎』や英語の独習書なども残しているが、その生涯はこれまで知られてはいなかった。

ジェイムス夫人は 1845 (弘化元) 年、高い学歴を持ち、著作もある聖職者の娘として、スコットランドの小さな村で生まれた。成長して、イスタンブールで家庭教師をしている時に、海軍士官であったトーマスと出会い、結婚した。江戸の面影の色濃い 1876 (明治 9) 年に、夫とともに来日し、1895 (明治 28) 年に帰国するまでの約 20 年間を東京で過ごした。その間に 3 人の子供にも恵まれ、多くの日本人と交流し、前歴を生かして華族の子弟の家庭教師として英語を教えることもあった。親しかったチェンバレンに長谷川武次郎を紹介され、「日本昔噺」シリーズの翻訳をすることになったと考えられている。

ジェイムス夫人は、すでに刊行されていたミットフォード (Algernon Bertram Freeman-Mitford, Lord Redesdale (1837-1916)) やグリフィス (William Elliot Griffis (1843-1928)) などの日本の昔話集や、チェンバレンの『古事記』などの翻訳書から物語を選び、欧米の子供たちが理解しやすいように再話した。再話に際して、ジェイムス夫人は、西洋の騎士物語などに倣い、親切で善良であることや、夫婦愛、父母を敬うことの大切さを強調して、日本の物語を欧米の子供たちに分かりやすい筋立てに描き改めた。また、少女を描いた物語は、虚栄心を持たずに努力を続けることの大切さを強調する内容となっており、これらはジェイムス夫人自身の生活信条でもあったと思われる。こうした傾向は、ともすれば物語を教育的で退屈なものともしかねないのだが、ジェイムス夫人の物語は、細部にわたり具体的で生き生きとした描写力と、美しい木版挿絵の力が相まって、どの物語も、楽しく、明るさに満ちたものになっている。

英語話者であるアン・ヘリングは、「今日、殆ど問題にされないまま、

ジェイムス夫人の評判は、どちらかというと、有名人となったチェンバレンやハーンの知名度の蔭にかくれてしまったようである。しかし、彼女の文体ほど、何度繰り返し読んでも、また、朗読しても、老若いずれの年齢層にも飽きを感じさせない長谷川版英文再話は、—たとえハーンやチェンバレンの再話を含めても—けっして多いとは言えない[10]」と述べている。

チェンバレンが'excellent woman' 'true-hearted and well-read'[11]（拙訳：「優れた女性」「誠実で博識」）と讃え、ハーンが"have a tender and beautiful soul[12]"（優しい美しい魂を持つ）と讃えたジェイムス夫人の心映えと、日本に対する深い興味、長年子供たちを教えた経験が育んだ文章力が、美しい作品を生み、英語版「日本昔噺」シリーズを最初の国際出版へと導いた大きな要因となったと考えられる。

なお、日本の昔話を欧米の価値観を反映した分かりやすい物語として再話する傾向は、ジェイムス夫人だけではなく、チェンバレンの『古事記』の再話などにも共通にみられる。一方で、欧米にはないばける動物たちの話を多く取り上げ、原作にはない犬神信仰の説明を加えるなど、ジェイムス夫人の作品には、日本文化に対する深い興味と、それを欧米に伝えようという意思が感じられる。「日本昔噺」シリーズの各話は、単なる児童向けの昔話ではなく、欧米の人々の日本に対する興味を反映した読み物であり、美しい日本的な装丁とともに、子供に昔話を読み聞かせる大人たちにとっても興味深い出版物となり、のちに世界的な童話集に収載された作品も生み出した。

ジェイムス夫人の長女グレイスは、母の昔話を伝承して民俗学者となり、また、長男のアーサーは語学将校、大使館付武官となって、それぞれの分野での日本の専門家となった。日英同盟の希薄化と第二次世界大戦は、日本で生まれ育った親日派の人々にとっては大きな痛手となり、ジェイムス夫人達の世代が培ったきずなは忘れられた。

グレイスが 1936（昭和 11）年から刊行した児童書 John and Mary シリーズ 20 冊は、日本で過ごした楽しかった子供時代の楽しい思い出と、母ジェイムス夫人のやさしいおもかげ、そして母の残した日本の昔話を今に伝えている。

　長谷川武次郎の「日本昔噺」シリーズの商業的な成功は、その後の国内の児童文学にも影響を与えた。博文館が刊行した巌谷小波「日本お伽噺集」には、あきらかに「日本昔噺」シリーズの影響がみられる。ジェイムス夫人らの再話による、欧米的な価値観を付与した物語が、昔話として日本の人々に受け入れられ、伝承される結果を生んだといえる。

　その一方で、近年に至るまで、ちりめん本に言及する文献はあるものの、主たる翻訳者であるジェイムス夫人の生涯や果たした役割については、これまで詳しく調べることも、評価もされてこなかった。ジェイムス夫人の残した作品で、原典が落語や古典であるものについても創作とされ、原典の検討すらされなかったことは残念といわざるを得ない。

　現代でも、日本の出版では、世界の書籍の翻訳、つまり「輸入」は多いが、「輸出」、国際出版は少ない。明治の国際出版での成功例としての「日本昔噺」シリーズを見つめ直し、翻訳をはじめ、その成功の要因を分析することは、グローバル化が必要とされる現代にこそ必要であろう。今後の研究に期待したい。

〈注〉

[1] 簿冊標題：叙勲裁可書・明治三十六年・叙勲巻六・外国人二　件名：英国人勲三等トーマス、ヘンリー、ゼームス勲章下賜ノ件　https://www.digital.archives.go.jp/img/2849828（参照 2024-12-13）

[2] 簿冊名：叙勲裁可書・明治四十一年・叙勲巻五・外国人三　件名：英吉利国人勲三等トーマス、ヘンリー、ゼームス外九名叙勲ノ件　https://www.

digital.archives.go.jp/img/2853115 （参照 2024-12-13）

[3] Koyama, Noboru. "Grace James (1882–1965) and Mrs T.H. (Kate) James (1845–1928): Writers of Children's Stories." *Britain and Japan: Biographical Portraits*. Vol. IX. Ed. by Hugh Cortazzi. Folkestone, Kent: Renaissance Books, 2015. pp. 472-480.

[4] 島根大学図書館デジタルアーカイブ　桑原雙蛙著『欧米美術行脚』https://da.lib.shimane-u.ac.jp/content/ja/4414 （参照 2024-12-13）

[5] 小泉一雄 著『父小泉八雲』小山書店 1950. pp.228-232. 国立国会図書館デジタルコレクション https://dl.ndl.go.jp/pid/1706824 （参照 2024-12-15）

[6] F.S.G. ピゴット 著 ほか『斷たれたきずな：日英外交六十年』時事通信社 1951. p.346. 国立国会図書館デジタルコレクション https://dl.ndl.go.jp/pid/1701240 （参照 2024-12-15）

[7] Koyama, Noboru. ibid. p. 478.

[8] James, Grace. *Japan, Recollections and Impressions*. London: Gorge Allen & Unwin, 1936. pp. 80-81.

[9] James, Grace. *John and Mary's Japanese Fairy Tales*. London: Frederick Muller, 1957. Pp.245-246.

[10] アン・ヘリング「国際出版の曙―明治の欧文草双紙」福生市郷土資料室編『ちりめん本と草双紙：19世紀後半の日本の絵入本 特別企画展』福生市教育委員会 1990.p.31. https://www.lib.fussa.tokyo.jp/digital/digital_data/literature/pdf/0608/0001/0006.pdf （参照 2024-12-18）

[11] Koizumi, Kazuo, comp.. *Letters from Basil Hall Chamberlain to Lafcadio Hearn*, Tokyo, 北星堂書店, 1992. p. 84.

[12] Bisland, Elizabeth, ed. *The Japanese Letters of Lafcadio Hearn*. London: Constable, 1911. p. 277.

■ジェイムス夫人（Mrs. T.H. (Kate) James）年譜

年	年齢	事項
1845 年		スコットランド　アバディーンシャーのオールドディアーで誕生
1871 年頃		トルコのコンスタンチノープルでトーマス（Thomas Henry James (1840-1910)）と結婚
1876 年（明治 9 年）	31	来日。11 月 25 日より夫トーマスは Japan's Naval Academy で測量術等の教鞭をとる（〜 1882 年）。チェンバレンと知り合う。住所は芝山内海軍省属舎第三号
1882（明治 15）年	37	長女グレイス（Grace Edith Marion James（1882-1965））誕生
1883（明治 18）年	38	長男アーサー（Ernest Arthur Henry James（1883-1944））誕生
1885（明治 20）年	40	夫トーマスは M. B. M. S. S. Co.（後の日本郵船）に勤務。芝山内 8 番に転居
1886（明治 19）年	41	11 月『松山鏡』、12 月『因幡の白兎』出版
1887（明治 20）年	42	1 月『野干手柄』、7 月『玉の井』、11 月『鉢かづき』出版 3 月文部省検定済小学校教科書『学校用日本昔噺　英文桃太郎』出版 8 月次女エルスペス（Elspeth Iris Fraser James（1887- 没年不明）誕生
1888（明治 21）年	43	9 月『英文日本昔話独学　桃太郎』出版 12 月『竹篦太郎』出版
1889（明治 22）年	44	8 月『羅生門』出版 夫トーマスは日本郵船の航海監督になる。麻布仲ノ町に転居
1891（明治 24）年	46	12 月『養老の滝』出版 赤坂大和屋敷に転居
1893（明治 26）年	47	麻布今井町に転居
1894（明治 27）年	49	2 月『三つの顔』出版
1895（明治 28）年	50	長男アーサーが prep school に入学するために英国へ。その後、他の家族と共に帰国。
1896（明治 29）年	51	4 月日本郵船ロンドン支店新設 6 月『文福茶釜』、？月『思い出と忘れ草』出版
1897（明治 30）年	52	1 月夫トーマスが日本郵船ロンドン支店長に
1899（明治 32）年	54	7 月『不思議の小槌』出版
1903（明治 36）年	58	『壊れた像』出版
1910（明治 43）年	65	4 月夫トーマスが死去。グレイスが Joan of Arc と Green Willow and Other Japanese Fairy Tale を出版し、作家としてデビュー
1918（大正 7）年	73	ハーンの『日本のおとぎ話』をグレイス、チェンバレンが出版
1928（昭和 3）年	83	12 月 29 日に Stonehill House, Sutton Wick, Abingdon, Berkshire で死去
1932（昭和 7）年		アーサーが東京の英国大使館付きに（〜 1936 年）
1934（昭和 9）年		グレイスが東京のアーサーを訪問
1935（昭和 10）年		グレイスが John and Mary を出版
1936（昭和 11）年		グレイスが Japan, Recollections and Impressions を出版
1950（昭和 25）年		グレイスが John and Mary's Aunt を出版
1957（昭和 32）年		グレイスが John and Mary's Japanese Fairy Tales を出版
1965（昭和 40）年		グレイスがローマで死去

■明治の小学校教科書関係年表

年	小学校教科書関係事項
1872（明治5）	学制の制定、小学教則の頒布、用書目録の決定
1873（明治6）	各地で小学校が開校。課業書の不足により書目を増補。文部省蔵版の小学校教科書で一種百部以上の需用者には払下げ、学校用部数を地方官に印刷発行を許可
1874（明治7）	地方官刷行の制を廃し、文部省蔵版の翻刻を一般に許可
1879（明治12）	教科書の採用許可権を地方官から文部省へ
1880（明治13）	地方学務局内に取調係、文部省に編集局
1881（明治14）	翻刻図書の調査、翻刻者の住所氏名を記し、印紙貼付
1885（明治18）	小学校教科書の文部大臣検定を規定
1886（明治19）	文部省編纂尋常小学読本第1巻に口語体を導入
1887（明治20）	先の検定条例を廃止、新教科書用図書検定規則を制定。公私立小学校用図書採定方法を規定。 出版条例改正
1888（明治21）	4月と6月、東京書籍出版営業者組合から府知事への建白書「東京府庁（学務課）で教科書を編纂出版することになったのは民業を圧迫するものである」
1890（明治23）	小学校令公布、10月教育勅語
1903（明治36）	4月、国定教科書制度開始

■日本の出版関係略年表(～明治時代)

時代	西暦(元号)	事項	出版物
奈良	770(宝亀元)	年代が判明している最古の印刷物	『百万塔陀羅尼』
平安	1088(寛治2)	この頃から春日版刊行される	『成唯識論』
鎌倉	1253(建長5)	この頃から高野版刊行される	『三教指帰』
	1287(弘安10)	この頃から五山版刊行される	『禅門宝訓』
室町	1344(弘永3)	最初の片仮名交り本	『夢中問答集』
安土桃山	1591(天正19)	キリシタン版始まる	
	1592(文禄元)	文禄～寛永年間、古活字版の刊行 慶長～元和年間、仮名草子の出版	
江戸	1682(天和2)	この頃から浮世草子出版される	『好色一代男』
	1722(享保7)	出版制度の確立。取締条項が整う 享保年間を中心に赤本の出版	
	1744(延享元)	この頃から黒本青本出版される	
	1765(明和2)	錦絵(多色摺版画)が出る	
	1788(天明8)	この頃、蔦屋重三郎の活躍	『画本虫ゑらみ』刊
	1790(寛政2)	出版取締令強化	
	1791(寛政3)	山東京伝の洒落本絶版 京伝、蔦屋重三郎処罰	
	1792(寛政4)	林子平著作絶版 子平、須原屋市兵衛処罰	
	1802(享和2)		『道中膝栗毛』刊行開始
	1814(文化11)		『南総里見八犬伝』刊行開始
	1815(文化12)		『偐紫田舎源氏』刊行開始
	1832(天保3)		『春色梅児誉美』初編刊
	1842(天保13)	出版取締令再度強化される。 為永春水、柳亭種彦処罰	
	1851(嘉永4)	本木昌造によって鉛活字印刷行われる	
	1867(文久2)	新聞の刊行始まる	
明治	1868(明治1)	この頃、ジャーナリズムの発生	
	1869(明治2)	出版条例公布、出版許可制を規定	
	1870(明治3)	最初の日刊新聞創刊	『横浜毎日新聞』 『学問のすゝめ』刊行
	1874(明治7)		『明六雑誌』創刊
	1879(明治12)	この頃、活版印刷の確立	
	1887(明治20)	出版業の興隆期 東京書籍出版営業者組合成立	この頃、ちりめん本出版開始
	1888(明治21)	雑誌時代の幕開け	『日本人』創刊
	1893(明治26)	出版法公布	
	1919(明治42)	新聞紙法公布	

謝　辞

　本書は、2018年に神奈川大学で開催されたシンポジウム「ちりめん本と女性の文化」シンポジウムでの講演と、その後『神奈川大学人文学研究所報』に掲載した研究ノートをまとめ、加筆したものです。本書をまとめるためには、たくさんの方々のお力をお借りいたしました。

　グレイス・ジェイムスとジェイムス夫人についての研究論文の著者である小山騰さんには、貴重なご助言を多数いただきました。また、研究をまとめるに当たり、村井まや子先生、バルブトーの研究者である高山晶先生、グリム童話の翻訳家の虎頭恵美子先生から、多数の有益なコメントをいただきました。友人のマクベイ夫妻には、日本で入手できない古書をアメリカで入手していただき、西宮版画店の西宮多美子さんからは、貴重な資料をご提供いただき、片山純一さんに撮影していただきました。

　和田博文先生、児玉史子さん、石井真理さんからは、書籍にまとめるためのアドバイスを多数いただきました。桑田高明プロデューサーからは、本著の推薦のお言葉をいただきました。そして、友人の加藤由美子さんからは、忌憚のないご意見を多数いただきました。

　ここに記して深謝いたします。

2025年3月

　　　　　　　　　　　　　　　　　　　　　　　　　　大塚奈奈絵

大塚奈奈絵（おおつか・ななえ）

1955年生まれ。図書館短期大学文献情報学科卒業。1976年国立国会図書館入館。専門資料部等を経て、資料提供部図書課長、同雑誌課長、収集書誌部主任司書、総務部司書監を歴任。2016年退職。この間に、東洋大学文学部通信教育課程、日本大学大学院総合社会情報研究科文化情報専攻（修士課程）修了。2012年4月から東洋大学文学部、2016年4月から千葉大学文学部非常勤講師、24年9月退職。その他、東京農業大学非常勤講師、早稲田大学の研究員などを務める。2021年4月から2024年3月まで神奈川大学人文学研究所客員研究員。
共著に『テキストとイメージを編む―出版文化の日仏交流』勉誠出版 2015があり、その他論文多数。テレビ番組「幻の木版画　ちりめん本」監修。

ちりめん本とジェイムス夫人
～ちりめん本が世界に伝えた日本の昔話～

2025年　4月29日　初　版　発行

著　者　大塚奈奈絵　© OTSUKA Nanae
発行者　登坂　和雄
発行所　株式会社　郵研社
〒106-0041　東京都港区麻布台3-4-11
電話（03）3584-0878　FAX（03）3584-0797
http://www.yukensha.co.jp
印　刷　モリモト印刷株式会社

ISBN978-4-907126-74-2　C0095
2025 Printed in Japan
乱丁・落丁本はお取り替えいたします。